Die Unschuld stirbt zuerst

AF288983

Holger Niederhausen

Die Unschuld stirbt zuerst

Die moderne Anbetung des Seelentodes –
und die Rettung

Das Menschenwesen hat eine tiefe Sehnsucht nach dem Schönen, Wahren und Guten. Diese kann von vielem anderen verschüttet worden sein, aber sie ist da. Und seine andere Sehnsucht ist, auch die eigene Seele zu einer Trägerin dessen zu entwickeln, wonach sich das Menschenwesen so sehnt.

Diese zweifache Sehnsucht wollen meine Bücher berühren, wieder bewusst machen, und dazu beitragen, dass sie stark und lebendig werden kann. Was die Seele empfindet und wirklich erstrebt, das ist ihr Wesen. Der Mensch kann ihr Wesen in etwas unendlich Schönes verwandeln, wenn er beginnt, seiner tiefsten Sehnsucht wahrhaftig zu folgen...

1. Auflage Dezember 2023

© Holger Niederhausen · Alle Rechte vorbehalten
Umschlagabbildung: Shutterstock / Frantisek Hromada, verändert
Herstellung und Verlag: BoD – Books on Demand, Norderstedt
ISBN: 978-3-7583-1308-0

Die Unschuld ist der Schlüssel.

Darum zielt alles auf ihre Vernichtung.

INHALT

Dieses Buch handelt von der Ausrottung des wahren Menschen, von der Vernichtung alles Kostbaren, von einem unvorstellbaren Wahnsinn. Dieses Buch handelt von der Gegenwart.

Wer es nicht mit dem vollen Ernst ließt, wird es *gar* nicht gelesen haben. Er wird nicht wahrhaft begreifen, nicht wahrhaft erleben – und in dem Zustand der Krankheit verbleiben, die alles erfasst hat. Es braucht *eines* für dieses Buch, zunächst nur eines: Wahrhaftigkeit.

Wer *sie* aber aufbringt, wird belohnt werden mit einem heiligen Geschehen – einer Heilung...

Auch sie wird in diesem Buch gefunden werden können.

Teil I

Wir alle stellen uns gern als Opfer dar, wollen aber nicht Opfer *sein*. Diese Schizophrenie, diese Selbstlüge, ist ein *Schlüssel* zur modernen Seele und ihrer tiefgreifenden Krankheit.

Wo sie nur kann, belügt diese moderne Seele sich selbst. An all ihren Leiden ist sie selbst schuld, durch ungeheuerliche Taten, aber sie verschließt davor die Augen und stellt sich dar als – Opfer.

Sie beschmutzt dabei den Begriff des Opfers, weil sie ihn auf das Schlimmste missbraucht. Sie schändet ihn, um ihn willfährig benutzen zu können – egoistisch, voller Selbstverliebtheit und armseliger Arroganz. Ihr eigenes ‚Wohlsein' ist ihr wichtiger als jede Wahrheit.

Oh ja, die moderne Seele ist ‚Opfer' – ‚Opfer' ihrer eigenen Lügenhaftigkeit. Sie hat sich in ihr eigenes klebriges Netz verstrickt. Die moderne Seele *liebt* es, sich als Opfer darzustellen – wie sie überhaupt Darstellungen liebt. Aber jede Liebe ist *Selbst*liebe.

Also die Liebe, die ungeheure Neigung, sich als Opfer darzustellen: Opfer der Verhältnisse, Opfer der Inflation, Opfer von Missverständnissen, tausenderlei Art, benachteiligt, unverstanden, nicht gewürdigt, nicht gewertschätzt – oh ja, die moderne Seele ist so *unendliches* Opfer!

Während sie überhaupt keinen Begriff von Opfer hat. Während ihr die *wirklichen* Opfer dieser Welt sch...egal sind. Und während gleich nebenan das Schimpfwort wohnt: ‚Du Opfer!'

Der reine, der in seinem Innersten wahre Begriff des Opfers verbindet sich mit der Schuldlosigkeit – und dies ist nicht einfach nur die Abwesenheit von etwas (Schuld), sondern selbst eine positive, ja heilige Essenz: die *Unschuld.*

Der wahre Begriff des Opfers umfasst die Unschuld in ihrem tiefsten Sinne. Erst, wenn wir wieder die Urbegriffe finden, berühren wir auch wieder die *Wirklichkeit* – statt in einer illusionären Scheingedankenwelt verhaftet zu bleiben. Deswegen ist die Aufrichtigkeit so wesentlich. Sie erst durchstößt die Mauer der Blindheiten, der Selbstlügen, der Bequemlichkeiten, der Illusionsschleier.

Das Opferlamm – einer dieser Urbegriffe. An ihm können wir wieder *empfinden* lernen, was Unschuld ist. Und spätestens jetzt müssten wir *innehalten*. Verharren. Ernst machen. Die Aufrichtigkeit umfasst auch dies: zu erkennen, wie *oberflächlich* unsere ganze Seele bereits geworden ist.

Wir lesen über alles nur hinweg, fühlen uns *unbequem*, wenn wir irgendwo verharren müssten, wollen weiter – der Langeweile entfliehen. Oder dem *Wesentlichen*? Oder uns selbst? Der eigentlichen Wahrheit über uns selbst?

Die Wahrheit ist: Wer nicht tief innehalten kann; wer gar nicht mehr weiß, was das ist; aber auch wer es weiß, aber nicht mehr wahrhaft kann – der steht vor dem *Nichts*. Vor der Nichtigkeit seiner eigenen Existenz, er mag sich noch so sehr betrügen, wie reich, wie wichtig, wie unverzichtbar er ist. Die wahre Wirklichkeit *hat* schon auf ihn verzichtet. Sie musste es. Denn da ist nichts.

Wer nicht tief innehalten kann, dessen Seele ist längst zu einem Nichts zerronnen, das immer weiterhasten muss, weiter, weiter, weiter, um scheinbar etwas zu *sein*. Aber da ist nichts. Was sein *könnte*, erfährt man erst im Innehalten...

Und zunächst ging es noch gar nicht um ein Innehalten bei sich – denn bei einem Nichts innezuhalten, ist höchst schwierig, und bei Lügen innezuhalten, wäre fatal, würde sich vom Bisherigen nur dadurch unterscheiden, dass sich die Illusionen verfestigen. Nein, es ging zunächst um ein Innehalten bei wahren, reinen Urbegriffen. Diese durchdringen einen mit dem Element, mit der heiligen Kraft der Wahrheit selbst – und erst dann kann man weitergehen ... zum nächsten Urbegriff, auf dem reinen Gebirgspfad der heilenden Wahrheit, den alle modernen Seelen so sehr scheuen.

14

Also der erste Urbegriff, zu dem unser Weg uns führt, ist der des Opferlamms. Opferlämmer wurden der höchsten Gottheit geopfert – als ein Opfer, von dem der Begriff der *Reinheit* nicht zu trennen ist.

Wenn wir uns aufrichtig ein solches junges Tier vorstellen, ein ganz junges *Lamm*, so *erfahren* wir innerlich den Begriff des Unschuldigen, der Unschuld. Und wir sollten in diese Erfahren wirklich tief *eintauchen*, denn es ist zunächst alles, was wir haben.

Zum ersten Mal erleben wir eine echte Wirklichkeit – und es ist der Begriff der Unschuld, uns geschenkt von der Vorstellung des *ganz real* unschuldigen Lammes, das gleichsam Eigenleben gewinnt und in dessen Augen wir blicken, dessen ganze Geschöpflichkeit wir erblicken, *anrührend*, *wissend*, dass es unschuldig ist – wir sehen auf einmal. Unsere Seelen-Augen sind aufgetan.

Aber das sind zarte Prozesse, und sie hängen vollkommen von unserer eigenen inneren Aufrichtigkeit ab. Wir werden den Begriff der Unschuld nur in *der* Tiefe real erfahren, wie wir *fühlen* können werden. Es geht hier noch nicht um Mitleid – es geht um die heilige, klare Kraft des Fühlens *an sich*, die reine Kraft der Aufrichtigkeit, wie sie im Fühlen lebt. Das Fühlen der Wahrheit – dass das Lamm unschuldig ist, ja geradezu *Verkörperung* der Unschuld.

Der Einwand des Intellekts, dass Begriffe wie ‚Schuld' und ‚Unschuld' in der Natur noch gar nicht existieren, ist bereits Teil der Krankheit – unser Fühlen war längst weiter. Lassen wir uns also nicht beirren. Fühlen wir die ganze Tiefe des Begriffes und der Wirklichkeit der *Unschuld*...

Und Aufrichtigkeit bedeutet gerade auch, den Abstand zu sich selbst zu erkennen. Unschuld als etwas zu erkennen, was einem schmerzlich fehlt...

Denn wer sich als das buchstäbliche ‚Unschuldslamm' präsentiert, ist es gerade *nicht* – unschuldig. Er missbraucht das *wahre* Lamm, um an dessen heiligem Wesen einen unheiligen Anteil zu erschleichen. Er ist *unwahrhaftig*, um einen bloßen Vorteil zu erzielen. Und so wird er *noch* weniger unschuldig, als er es ohnehin schon war.

15

Ist die Unschuld in der menschlichen Welt überhaupt zu finden? Vertiefen wir uns noch einmal in das Wesen des Lammes...

Wir finden die Unschuld wieder bei kleinen Kindern, die noch kein Arg kennen. Aber selbst die Kleinsten können schon kreischen und nach einem anderen Kleinkind schlagen, das dasselbe Spielzeug auch ‚haben' will. Also schon ihnen fehlt die Unschuld des *Lammes*...

Wir können uns einen Jungen vorstellen, der friedliebend, gerecht und besonnen stets teilt, was er besitzt – und auch ganz verzichten kann. Die Seele eines solchen Jungen ist rein und lauter.

Aber zu dem *berührenden* Begriff der Unschuld gehört noch ein weiterer Aspekt, und das ist die Wehrlosigkeit. Und so kommen wir zu dem *Mädchen*.

Das Mädchen kann eine genauso reine Seele haben, aber indem es zusätzlich noch schutzlos ist, ist es gleichzeitig noch unschuldiger. Und *weil* es schutzlos ist, kann es selbst das, was bei dem Jungen Wehrhaftigkeit und relative Stärke wird, zu Hingabefähigkeit und unschuldiger Selbstlosigkeit werden lassen.

Die Schwäche des Mädchens ist sein wahres Geheimnis. In den Märchen wird dieses Geheimnis offenbar. Weil das Mädchen *sowieso* schwächer ist, in einer Konfrontation ohnehin ‚keine Chance' hätte, kann es seine *ganze Seele* darauf konzentrieren, sich in das Element des Guten zu tauchen.

Das ist das Geheimnis der Mädchen mit dem reinen Herzen. Sie sind absolut unschuldig, Verkörperung der Unschuld, wie das Lamm – nur dass sie außerdem noch ein gutes, menschliches Herz haben.

Hier wird der Begriff der Unschuld wirklich moralisch. Das Mädchen hat ein reines, leuchtendes Herz – und es ist schutzlos. Es ist wahrhaft das Lamm der Menschenwelt.

Wir könnten nun ebenso tief in dieses Urbild des Mädchens eintauchen. Was auch tief notwendig wäre. Aber hier werden die Hindernisse ungleich größer. Denn nun sind wir auf eigenem Gebiet, menschlichem Gebiet, und hier werden die Widerstände schnell, sehr schnell gigantisch. Wenn wir uns hier nicht in eine reine Wahrhaftigkeit ‚flüchten' können, werden uns die Widerstände und Lügen rettungslos wieder einholen.

Warum? Weil wir das Mädchen in Wirklichkeit aus (fast) ganzem Herzen ‚hassen'. Und dieser Hass wird uns täglich eingetrichtert.

Mädchen oder Frauen werden sich unmittelbar weigern, sich mit diesem Urbild auch nur zu beschäftigen, weil es ja offensichtlich in Rollenbilder zurückführt, die mit Ende des Patriarchats endlich ad acta gelegt sind – oder sein sollten. Und Jungen oder Männer werden ängstlich jede Annäherung an dieses Urbild vermeiden, um nicht in den Verdacht zu kommen, sie könnten zu patriarchalen Verhältnissen zurückwollen.

So also fristet das Mädchen mit dem reinen Herzen, dieses heilige, lebendige Urbild, einsam seine Tage – verlassen, vergessen, verachtet... Es ist wahrhaftig zum Aschenputtel geworden...

Dies offenbart die ganze Schizophrenie unseres Zeitalters. Denn es offenbart, wer wir in Wahrheit sind: die bösen Stiefschwestern.

Wir beten die Wehrhaftigkeit an. Den Selbstbezug. Den Spaßfaktor. Wir wollen das Leben genießen, aber zacki!

Und wir sind die, die lieber ‚fick dich!' sagen, als mit reinem, unschuldigem Herzen die Erbsen zu verlesen... Wir glauben nicht an einen Lohn der Unschuld, auch nicht an ihre Schönheit – wir glauben an Selbstoptimierung und an ‚Wer sich nicht nimmt, ist selbst schuld'.

Den Mädchen wurde die ‚neue Hässlichkeit' seit Jahrzehnten eingetrichtert – für sie ist es inzwischen absolute Normalität. Hier laufen heute millionenfach Pechmarien und Stiefschwestern herum, für die es nichts Höheres gibt als ‚Fun', ‚Spaß', die nächste Unterhaltung, den nächsten Input für die innerlich leere, nichtssagende Seele.

Einige Mädchen haben reinere Impulse – fühlen wirklich das Leid der Klimakatastrophe, der Massentierhaltung, der Kriege. Aber auch sie wollen parallel das Leben genießen, sind von der ‚Fun'-Ideologie indoktriniert, versuchen, beides zu verbinden, und so gerät nichts ganz. Weder sind sie hässliche Selbstverliebte wie die ersten, noch gelingt es ihnen, ihre aufrichtigen Impulse vorbehaltlos zu leben, und sie bleiben zerrissene Seelen.

Einzelne Mädchen mag es (noch) geben, deren Herzen so gut sind, dass sie an dieser Welt förmlich zerbrechen – an dem Leid, an der Einsamkeit, an dem sie umgebenden Wahnsinn... Sie allein machen Ernst, mit dem, was sie innerlich finden. Ernst mit der Unschuld. Mit der reinen Liebe zum Guten. Aber sie haben keine Chance.

Und die Jungen? Von ihnen ist größtenteils gar nicht zu reden. Die meisten haben die Seelenarmut *perfektioniert*, von klein auf.

Sie geben sich als Macker, als Macher, als Halbstarke, als Coole – und geben sich damit bereits früh als millionenfacher Nachwuchs dessen zu erkennen, was diese Welt vernichtet. Denn die Vernichtung der *Seele* geht dem stets voran.

Man kann sagen: Selbst Mädchen mit einer ausgesprochenen Genusssucht wären nur *einen* Schritt von der Aufrichtigkeit reiner, unschuldiger Gefühle entfernt. Jungen aber, die ihr ganzes Gefühl *abtöten*, um eine Kulisse, eine Wüste der Coolness an die Stelle zu setzen, sind von der Reinheit der Seele durch *Abgründe* getrennt. Und dieser Abgrund ist bereits eine reale Vernichtung. Sie müssten ganz neu *aufbauen*, was Mädchen nur vermeiden, aber im Grunde jederzeit noch hätten, wiederfinden könnten.

Aber dann gibt es einige Jungen, die empfindsamer sind. Die aus einer geheimnisvollen Ursache heraus diesen ganzen ‚Run' um Coolness, Mackertum oder Lässigkeit nicht mitmachen. Und es ist kein Wunder, dass gerade in den Seelen vieler *solcher* Jungen jenes Urbild lebt – das des wunderschönen Mädchens mit dem reinen Herzen...

Und, o ‚Wunder' – sie wollen dieses Mädchen nicht etwa unterdrücken, sie *lieben* es von ganzem Herzen, und in ihrem eigenen Herzen lebt dasselbe Gold, was das Herz des angebeteten Mädchens so ganz erfüllt...

Das ist die Wahrheit. Die Gegenwart ist letztlich nur *ein* Kampf – der zwischen den Impulsen des Selbstbezuges und den reinen Impulsen der Unschuld...

DIE SELBSTLÜGE

Offiziell hat das ‚Mädchen mit dem reinen Herzen' natürlich noch einen verstaubten Ehrenstatus. Es ist löblich – aber hoffnungslos überholt. Irgendwo noch bewundernswert, aber eigentlich nur noch gut zum Belächeln. Es ist, ‚modern' gesprochen, ‚outdated'.

Mit einem coolen, lässigen Begriff, mit lockeren acht Buchstaben geht man darüber hinweg und weist sich selbst als Zeitgenosse der *Moderne* aus. Als *Seelenverräter*.

Ja, man hat seine eigene Seele verkauft. Der lässige Stempel (‚outdated'), das lockere Belächeln, waren einem wichtiger als *ein* einziges aufrichtiges Innehalten. Man hat das Mädchen verkauft und verraten – und sich selbst auch.

Die moderne *Oberflächlichkeit* ist einem eben wichtiger als heilige Seelensubstanz, von der man auch noch nie gehört hat, warum also sich um irgendwelche ‚ungelegten Eier' kümmern? Lieber den bisherigen Weg weitergehen, der einem täglich indoktriniert wird, den alle gehen, der sich fortwährend selbst reproduziert, weil alle Mitläufer sind und sich wohl dabei fühlen

Der Weg der Oberflächlichkeit, auf dem man sich die gewünschte ‚Tiefe' stets einreden kann. Der Weg des Selbstbezugs, auf dem auch noch für Feigenblätter der Zuwendung zur Umwelt Platz ist, man hat schließlich Familie, Freunde, Bekannte, das ganze Arsenal. Den Weg des Spaßes, auf dem es ja auch die Arbeit und Momente des Ernstes gibt. Also die Kulisse ist perfekt. Für jede Selbstlüge das passende Fensterchen und Ventil.

Und ist es denn so verwerflich, abends mit Freunden bei einem Wein-chen anzustoßen und die Klimakatastrophe mal für einen Moment beiseite zu lassen? Aber leider sind die übrigen Tage auch mit Selbstlügen gepflastert... Jeder hält sich für einen (weit überdurchschnittlich) guten Menschen. Warum bloß ist die Welt so schlecht...?

21

Ja, warum wohl? Weil sie nur durch eine neue *Unschuld* noch *überleben* können wird – und wir alle Meister im Verdrängen und im *Schönreden* unserer eigenen Seele sind. Aber leider sind wir Teil des Problems! Und ist unsere Selbstgefälligkeit gigantisch – ebenbürtig ist ihr nur unsere damit einhergehende Blindheit.

Wir können tausend Dinge offiziell bedauern – die Massentierhaltung, die Kriege, das Artensterben... Im konkreten Alltag ist uns dies abgrundtief egal, es tangiert uns nicht. Es tangiert unseren Alltag nicht. Und *wir* sind selbstverständlich unschuldig...

Das ist es, worauf es uns ankommt. Die Welt kann untergehen – aber es ist uns vor allem an dem Gefühl unserer Unschuld gelegen. Würden wir uns einmal in diese Wahrheit vertiefen – dass uns das Gefühl unserer Unschuld wichtiger ist als alles andere –, wir hätten den Schlüssel zu unseren Selbstlügen in der Hand.

Und wir mögen vegan sein, wir mögen ‚mit Klimaausgleich' fliegen, regional einkaufen – die nächste Serie muss auf den Bildschirm, der nächste Wein auf den Tisch und an unserer *Seele* wollen wir nicht das Geringste ändern. Denn wir sind nicht schuld. Wir *Verräter*.

Pilatus war auch nicht schuld, als er Christus den Hohepriestern überantwortete. Die Nazischergen hatten auch alle ihre Befehle und waren gute Familienväter. Es ist stets so wunderbar einfach, sich für das *blind* zu machen, was man selbst tut und unterlässt. Perfekt einfach, wenn es alle anderen auch tun...

Alle bis auf das Mädchen. Das Mädchen ist das *Einzige*, das nicht heimlich danach guckt, was die anderen machen. Sie ist die Einzige, die ihr Herz nicht verrät, sondern es *unschuldig* gehalten hat. Sie ist die Einzige, die die Wahrheit von Gut und Böse rein empfindet, nichts beschönigt, eher noch bei anderen, aber nicht bei sich selbst.

Das Mädchen mit dem reinen Herzen weiß sofort, wenn es dem Armen nicht gab, obwohl es hätte geben können. Wenn es also vorbeilief, läuft es *zurück* und gibt jetzt, sich selbst schämend...

22

Aber – es läuft gar nicht erst vorbei. Es gibt so sicher, wie sein Herz leuchtet...

Wir können uns diese Reinheit des Herzens gar nicht mehr *vorstellen*. Und doch können wir es. Aber wir wollen es nicht mehr. Und schon gar nicht mehr wollen wir es auf uns übertragen.

Letztlich fehlt uns allen schon der Mut. Letztlich scheitern wir schon an der *Feigheit* – die das Mädchen einfach nicht kennt. Sie kennt nur die *Hingabe* an das Gute. Ihre ganze Seele ist in dieses Gute und die Hingabe daran, die Liebe dazu, eingetaucht. Ihre ganze Seele.

Das ist Unschuld...

Aber wir scheitern natürlich nicht nur an unserer Feigheit. Wir scheitern bereits an unserem Unwillen. Unser *Selbstbezug* erhebt sich. Sind wir denn nicht wer? Ist unser Ich nicht viel mehr als dieses dämliche Mädchen, das seinen ‚unschuldigen Impulsen des Guten' hinterherläuft?

Ja, subtiler Spott war schon immer das parate Mittel, sich zu rechtfertigen, sich im rechten Licht darzustellen (vor allem für sich selbst) und alles andere schlecht zu reden. So lange, bis es wieder ‚stimmt', für einen.

Unschuld wird heute derart verspottet, dass es kinderleicht fällt, blind zu bleiben. Schon Kinder können heute mitspotten. Die Gehässigkeit und eigene Hässlichkeit kennt keine Grenzen. Spott ist billig. Jeder kann die (wertlosen) Scheine nachdrucken und nachtreten. Alle Urteile fallen auf einen selbst zurück. Das Mädchen wehrt sich nicht...

Ja, es läuft den unschuldigen Impulsen des Guten hinterher, aus tiefster Aufrichtigkeit *folgt* es ihnen. Sie sind seine Leitsterne.

Und wem läuft die moderne Seele hinterher? Ihrer Bequemlichkeit, ihrem Genuss, ihrer Selbstrechtfertigung, ihren Lügen. Und *manch-*

mal, manchmal auch ungefähr dem, was das Mädchen tut. Nur viel *nebensächlicher*, oberflächlicher und unaufrichtiger.

Das ist die Wahrheit.

Und wir verschließen gewohnheitsmäßig die Augen davor, um unseren modernen Lebens- und Seelenstil um so sorgloser und befreiter genießen zu können. „Jetzt neu: mit extra Wohlfühl-Taste'.

Wir haben nichts in der Hand als unsere eigene Selbstgefälligkeit. Wir *beten ihn an* – unseren ‚modernen' Selbstbezug. Er ist der absolute Abgott, wie es noch keinen gab.

DER ABGOTT

Der Selbstbezug *muss* das Mädchen belächeln – und wir *müssen* es belächeln, um unseren Selbstbezug zu rechtfertigen.

Das Mädchen ist nicht ‚outdated' – *wir* haben es verraten. Einsam tut es reinen Herzens das Gute – aber *wir* wollen es nicht tun. Das ist die Wahrheit.

Während das Mädchen den Impulsen des Guten folgt, die in seinem Herzen wohnen, weil es sie dort wohnen *lässt* – folgen wir ganz anderen Impulsen, mit denen wir *unser* Selbst ausgekleidet und ausgekleistert haben: Bequemlichkeit, Lustanwandlungen, ‚Fun', Abwechslungssucht, Rechtfertigungstrieb, ein paar gute Antriebe, sofern sie hineinpassen, sich *anpassen* und nicht zuviel stören.

Die Unschuld aber hat draußen zu bleiben – wie ein Hund vor dem Geschäft, oder wie ein Ausländer in AfD-Land. ‚Ausländer raus!' Für unsere Seele ist das Mädchen eine Ausländerin...

‚Kein Fußbreit den Kanacken!' Man vergleiche damit einmal die *reale* Verachtung der modernen Seele gegenüber der echten Unschuld. Nostalgisch kann man sich auf dem Flohmarkt einmal eines Bildes aus dem Märchen erfreuen – aber doch bitte nicht in den eigenen vier (Seelen-)Wänden! Nein, so ein ‚Gesocks' kommt mir nicht ins Haus...

Wer ‚zurück zur Unschuld' will, wird mit Rousseau verglichen – oder gar noch mit jemandem, der wieder ‚in Höhlen leben' will.

Auch dies eine beliebte Methode der Selbstlügen – dem Spott verwandt. Dinge werden entstellt, in einen Topf geworfen und dann verspottet. Wie einfach! Und das Mädchen wehrt sich nicht. Es erträgt alle Schläge, alle Tritte, allen Verrat.

Einzelne Jungen gäbe es, die so ein Mädchen verteidigen würden – nicht nur verteidigen, sondern heiß und innig *lieben*. Warum? Ja, warum wohl? Weil dessen Seele *leuchtet*, während überall sonst nur das fahle, oft gerade hässliche Licht des Selbstbezugs vor sich hinglimmt. Wie könnte man dies lieben?

Und diese Jungen – sind sie vielleicht nicht selbstbezogen? Oh, hat schon einmal jemand erlebt, mit welcher *Hingabe* ein solcher Junge so ein Mädchen lieben kann? Mit welcher innigen Verehrung? Ja, der Junge weiß, dass er mit diesem Mädchen nicht einmal *vergleichbar* ist, nur bei äußerster Anstrengung seines Inneren ihr überhaupt *würdig* ... aber genau dadurch *heilt* ihn das Mädchen ja. Die Liebe des Jungen zu diesem Mädchen führt ihn *selbst* in die Hingabe, in die Unschuld.

Und während er zunächst nur das Mädchen liebt, lehrt sie ihn allmählich auch die Liebe zu allem anderen, die *Mysterien* der Unschuld. Das ist das Geheimnis.

Und dies ist kein Weg zu den Höhlen. Es ist das heilige Geheimnis der *Zukunft* schlechthin, des Menschen schlechthin – während wir derzeit immer rasanter auf dem Weg ins Nichts sind, jedoch täglich selbstüberzeugter, was aber bereits *Teil* des Nichts ist...

Wir haben kein spirituelles Menschenbild mehr – aber der Mensch trägt in sich ein heiliges Wesensziel – so zu werden, wie es in Märchenbildern bereits lebt, wie eine heilige Prophezeiung. Nicht etwa naiv-kindlich unschuldig, aber bis in Abgründe hinein *menschlich*.

Es geht um das Liebes-Mysterium, das bis heute nicht einmal ansatzweise erfasst ist, ja zunehmend *verlorengeht*, weil auch jede tiefere Spiritualität schwindet.

Wenn man aber um das heilige Ziel des Menschen nicht mehr weiß, ist dem *Gift* der modernen Seele keine Grenze mehr gesetzt, dann kann sich die Krankheit ungehindert immer weiter ausbreiten. Und die *Selbstgefälligkeit* wird ihr den Boden bereiten.

Es wäre bereits ein Zeichen von *Unschuld*, alles vermeintliche Wissen einmal fallen zu lassen und es für möglich zu halten, dass das wahre Zukunftswesen des Menschen ein heiliges sein könnte – und die heilige Aufgabe (und Gabe!) darin bestünde, dieses immer mehr wahrzumachen.

Es wäre ein Zeichen von Unschuld, dies denken, dies glauben, für möglich halten zu können – und ein weiteres Zeichen von Unschuld wäre es, dieses heilige Zukunftsbild, diese Perspektive, diese heilig aufgegebene Perspektive *lieben* zu lernen ... als etwas, was unendlich erfüllender ist als die trostlose ‚Selbstverwirklichung' und ‚- bespaßung', die *jetzt* unendlich viele Seelen praktizieren.

Aber es hängt alles davon ab, welche Beziehung man zu dem Heiligen bekommt. Ob man es *empfinden* kann – oder ablehnt.

Genau hier liegt der Unterschied zwischen Unschuld und Selbstheitsimpuls. Denn die Unschuld kann empfinden, kann sich hingeben – und das moderne Selbst nicht. Nur seinen eigenen Genüssen und damit immer nur sich *selbst*.

Aber ist das Heilige und das Wahre, das Schöne, das Gute, nicht auch nur der Genuss der Unschuld? Nein, es ist die *Liebe* der Unschuld. Die unschuldige Seele liebt wahrhaft, die mit sich selbst verklebte Seele kann immer nur genießen, nie wahrhaft lieben, denn sie liebt ja sich *selbst*.

Die moderne Seele ist wie ein schwarzes Loch – sie will *nehmen*, nicht geben. **Natürlich gibt sie auch, man ist ja kein Unmensch, man kennt Geschenke, man kennt Geben und Nehmen** – aber in Wirklichkeit ist sie *selbst* das Zentrum des Universums. *Sie* will ins Fitnessstudio, zum Yogakurs, diesen Urlaub, jene Kekse, die neue Serie, die neuen Turnschuhe, die Fertigpizza ... und tausend andere Dinge ... und irgendwann ist da auch das Artensterben, das Müllproblem, der Krieg, die Armut, irgendwo im Kopf sind auch dafür dann Ecken reserviert, alles ‚unter ferner liefen', aber es ist integriert, und man fühlt sich gut.

Die moderne Seele ist ein schwarzes Loch mit ein paar Lichtblicken – aber sie hält sich für Lichtjahre besser.

Was würde sie sagen, wenn das Artensterben nur aufzuhalten wäre, wenn die Seele auf ihre Serien verzichtet? Etwa weil man die Menschen, die Serien produzieren (oder konsumieren), für eine arbeitsintensivere Landwirtschaft bräuchte, die ohne Gifte auskäme? In der wieder mehr Hecken wachsen dürften und gepflanzt werden müssten – und vieles andere mehr?

Das Mädchen müsste nicht einmal *überlegen*. Nicht nur, dass es gar keine Serien braucht – selbst wenn es welche geschaut hätte, würde es liebend gern verzichten. Auf alles. Wenn nur endlich die Vernichtung aufhört.

Wir denken an Aschenputtel und wissen, warum das Mädchen so leicht verzichten kann: Weil es mit wenig glücklich zu sein vermag. Weil sein Glück ganz woanders liegt.

Die moderne Seele aber würde schlucken: Was, meine Serien? (Oder wahlweise: Hobby X, Y, Z). Das wird ihr schwer. Eher geht ein Kamel durch ein Nadelöhr. Die moderne Seele erlebt jeden Verzicht wie eine Niederlage, wie eine Amputation. Sie lebt in einer *Anspruchshaltung*, die Genüsse aller Art als Teil ihres Selbstes ansieht. Jeden Verzicht erlebt sie als Beraubung, ja als Erniedrigung.

Das Mädchen würde *gerne* alles hingeben, was es braucht, alles tun, alles ‚opfern', denn es lebt in der *Liebe*. Das ist der Unterschied. Die moderne Seele lebt in der Selbstliebe, die auch ein kleines Separée für gemeinnützige Impulse hat (solange es nicht wehtut) – das Mädchen dagegen *lebt* in dieser Sphäre des Wahren, Schönen und Guten.

Das würde die Selbstliebe niemals tun. Wozu, wenn ein Separée ausreicht? Wenn man sich vegan schon als Weltretter fühlen kann – und im übrigen das Leben genießen? Man kann sich ja auch nicht um alles kümmern... Aber alle *Serien*, die einen interessieren, die kann man gucken! Dafür ist das Leben ja auch da – soll man etwa Trauer schieben? Oder sich gar über spirituelle Menschenbilder Gedanken machen? What the fuck?

DER DÄMON DER COOLNESS

Jede moderne Seele hat Teil an der heutigen Seelen-*Vernichtung*. Es ist eine Selbstvernichtung, und sie ist gewünscht. Denn man möchte sein wie die anderen. Man möchte teilhaben. Und wenn der Wahnsinn die Regel ist, dann daran.

Da geht einem dann auch der Spott über die heiligsten Fragen locker über die Lippen: ‚Heiliges Menschenbild – what the fuck?'

Früher *lebten* Menschen mit heiligen Fragen – heute sind sie der modernen Seele nicht einmal mehr ein müdes Lächeln wert. So abgefuckt ist die Seele!

Denn keineswegs sind diese Fragen überholt – die Seele ist nur bereits so degeneriert, dass sie ihre Wichtigkeit gar nicht mehr empfinden kann. Sie ist völlig abgedreht in ihrem Paralleluniversum aus Lockerheit, Fun und Oberfläche. Sie weiß gar nicht mehr, was Ernst *ist*. Existenzieller, spiritueller Ernst.

Cool muss es sein, cool und unkompliziert. Ja, sicherlich gibt es noch die Religiösen, die Spirituellen – toleriert man alles, denn Toleranz ist angesagt, aber, ehrlich, die *Avantgarde* ist das nicht. Das ist man selbst. Immer schön locker!

Dem Mädchen ist diese Welt unendlich fremd. *Sein* Herz empfindet immer rückhaltlos, damit auch immer in aller Tiefe, in aller Aufrichtigkeit ... und mit aller Heiligkeit, die so ein Mädchenherz besitzt. Da ist kein Platz für diesen Dämon, der alles herablähmen will – zur Lässigkeit, zur Oberfläche, zum Unverbindlichen, auf dass es kompatibel ist für den *Selbstbezug*. Das Mädchen kann dies nicht verstehen. Er schaudert. Mit Recht. Denn ein fremder Dämon hat von der menschlichen Seele Besitz genommen.

Und der Junge, der so ein Mädchen hilflos liebt? Ja, er wünschte sich vielleicht auch, er könnte ein *bisschen* so ‚cool' sein wie die anderen Jungen. Nicht, um ebenso *selbstbezogen* zu werden wie sie – nur um seine Scheu zu überwinden. Nur um das Mädchen irgendwie ansprechen zu können, das er so *verehrt*, hingegeben an ihre Schönheit.

Aber diese Scheu, diese Verehrung, sind gerade *seine* Unschuld und schützen ihn vor dem *Selbstbezug*, der alle anderen Jungen in die Fänge der Coolness treibt...

Was bei dem Mädchen die Unschuld ist, ist bei dem Jungen diese scheue Verehrung. Und genau wie die Unschuld wird auch sie heute verlacht und verspottet: wie altbacken, wie übertrieben!

Oder: Können die sich nicht einfach normal ,finden' – erkennen, dass sie sich mögen und fertig?

So spricht eben die degenerierte Seele, die für tiefere Empfindungen aller (!) Art keinerlei Sinn und Willen mehr hat. Alles muss heute abgelähmt vor sich gehen – keine zarte Begeisterung mehr (allenfalls eben lässig-selbstbezogene Fun-Begeisterung), keine scheue Liebe, keine Verehrung, kein grenzenloses Idealisieren – ,alles *Schwachsinn*', nichts für moderne Seelen, die cool, unkompliziert und selbstbewusst ihren Weg gehen. Den Weg der Oberfläche. Denn die Tiefen werden sie nie kennenlernen. Dafür werden sie immer zu sehr mit ihrem eigenen Selbst verstrickt bleiben.

Wer nichts Höheres anerkennt, wie die Coolness, aber auch der coole Intellekt, wird über alles Höhere die Illusion haben, dass es nicht existiere, dass es *selbst* Illusion sei.

Aber die Coolness kann nicht urteilen – sie hat sich ja *aktiv* jedes Urteils beraubt, nämlich das Empfinden degeneriert.

Alles Höhere ist nur mit einem tieferen, zarteren, gesteigerten Empfinden erfahrbar. Deshalb ist die Coolness so blind. Sie wollte es so. Mit Eisfingern fühlt man auch nichts mehr. Dasselbe gilt für die Seele. Hier können Gefühlsarmut und Gedankenstarre (Intellekt) ebenfalls unmöglich die Welten des Höheren erfassen.

Das vermag nur ein heiliger Idealismus im Fühlen und Denken, der *wahrmacht*, wozu die Seele in der Lage ist. Und man sagt dann oft:

da fühlt die Seele sich selbst und meint, sie stehe vor der Wirklichkeit. Aber das Umgekehrte ist wahr. Die *coole* Seele fühlt nur noch sich selbst – und meint, jetzt stehe sie vor der Wirklichkeit. Sie steht nur vor ihren eigenen Ruinen.

Selbstverständlich offenbart auch nicht jedes Idealisieren eine Wirklichkeit. Wenn aber ein Junge in scheuer Liebe so ein Mädchen mit einem reinen Herzen verehrt und idealisiert, bedeutet dies nur, dass er sein Herz *sehend* macht und versucht, seine Seele würdig zu machen – auf jene Stufe der Unschuld zu heben, auf der das Mädchen bereits *lebt*. Idealismus hat mit Wirklichkeiten zu tun. Nicht immer, aber in allen solchen und ähnlichen Fällen.

Coolness und ‚Nüchternheit' dagegen *vernichten* die Wirklichkeit – angefangen in der eigenen Seele.

Ohne große und tiefe Ideale wird die Menschheit auch nicht überleben. Denn der tägliche Wahnsinn ist so groß geworden, dass völlig neue, heilige Ideen vom menschlichen Zusammenleben nötig sein werden. Wer soll diese fassen, entwickeln? Nur Menschen, die noch wissen, was dieses Menschliche wäre. Das Menschliche aber *ist* das Idealische. Ihre Wirklichkeit deckt sich. Und wer dies nicht mehr erlebt, dessen Seele ist schwer krank – erkrankt an Intellekt und Selbstbezug.

DER SELBST-LOSIGKEITS-MYTHOS

Das Selbst sucht ständig ‚Argumente', um sich als gut und unschuldig hinstellen zu können: Sehr üblich ist auch die Argumentationsfigur, das Mädchen mit dem reinen Herzen hätte ja noch gar kein Selbst, sondern was auch immer – sei indoktriniert, leide am ‚Helfersyndrom', sei bloß aus dem Märchen entsprungen und nicht real – ein modernes *Selbst* jedenfalls habe erst die moderne Seele. Erst sie kann zeitweise auch selbstlos handeln, weil sie ein Selbst *habe*.

Im Umkehrschluss heißt das: Um mit dieser Argumentation zu beweisen, dass man ein ‚Selbst' habe, *darf* man gar nicht die ganze Zeit selbstlos handeln. Ein richtiges, zünftiges Selbst muss auch den Egoisten raushängen lassen, zumindest den modernen Selbstbezug erkennen lassen.

Mit diesem Zirkelbeweis sichert sich das moderne Selbst die Berechtigung seines eigenen Selbstbezuges! Diese Argumentation hat nicht nur das Mädchen völlig verraten, sondern jede menschliche Entwicklung überhaupt. Es sei denn, man hält es für möglich, dass nach einem Durchgang durch das Selbst-Stadium tatsächlich doch eine Stufe der guten Selbstlosigkeit erreichbar ist. Aber die moderne Seele hätte gar kein *Interesse* daran! Warum sollte sie auch nur die Möglichkeit bejahen? Immer schön locker... Minuten der Selbstlosigkeit reichen doch wohl...

Dem Mädchen mit dem reinen Herzen aber wird jegliches Selbst abgesprochen. Denn – sonst müsste es ja so selbstbezogen sein wie man selbst! Wenn es dies nicht ist, *hat* es noch kein Selbst, so einfach ist das!

Man ist vielleicht nicht unschuldig, aber dieses Mädchen ist ein halber Zombie – es hat noch gar kein Selbst! So einfach ist das, so wird ein Schuh draus!

Und das Mädchen blickt einen traurig an: So denkt ihr also über mich? So weit habt ihr euch schon an den Dämon verloren? Dass ihr denkt, ich *habe* kein Selbst, nur um *euer* Selbst zu rechtfertigen...?

Wenn wir soweit gekommen sind und dies einmal sehr tief meditieren würden, würden wir erkennen, dass das, was wir hier als ‚Selbst' bezeichnen, nichts weiter ist als eben jener moderne Selbst-*Bezug*, ohne den wir überhaupt nicht mehr auskommen, das Mädchen aber sehr wohl.

Und warum? Weil es ihn zur Stütze seines Selbstbildes gar nicht *braucht* – im Gegensatz zu uns. Während wir ständig *uns* fühlen müssen und wollen, bei allem, meist sogar bei ‚selbstlosen' Handlungen noch, lebt das *reale* Selbst des Mädchens in den Handlungen, Empfindungen und Gedanken des Guten, Wahren und Schönen und genau *dies* ist sein Wille. Es ist der freie Wille des Mädchens – sein Selbst spiegelt sich in der Reinheit seines Herzens, unser Selbst in der Fülle an Selbstbezogenheiten *unseres* Herzens. So einfach ist das.

Es hat ein Selbst genau wie wir, aber unser Selbst will sich fortwährend auf *sich* beziehen und verbrämt dies als modern und als ‚notwendig, um überhaupt von einem Selbst zu sprechen'.

Das Mädchen tut dies nicht. Es bleibt in seinem Herzen tief aufrichtig und folgt einfach nur nicht jenen Impulsen, die das Selbst verlocken, sich immer mehr sich selbst zuzuwenden – Impulsen, denen *wir* gefolgt sind.

Und um uns nun zu rechtfertigen, belächeln wir es nicht nur, verspotten wir es nicht nur, sondern sprechen ihm sogar ein Selbst ab! Alles, um unsere eigene Krankheit als gesund und als einzig möglichen Zustand erscheinen zu lassen.

Und wie gesagt – *die Welt* könnte untergehen, Hauptsache wir wären entschuldigt... Und wenn wir die Unschuld verraten müssten.

Und der Junge, der das Mädchen hilflos liebt? Er würde *nie* behaupten, dass dieses Mädchen kein ‚Selbst' habe. Er erlebt, dass dieses Mädchen ein viel reineres, höheres Selbst hat als er selbst.

Für ihn ist dieses Mädchen eine Art Engel – und so hat dieser Junge einen ganz deutlichen Begriff von Selbst: Es gibt verschiedene Stufen – und dieses Mädchen verwirklicht eine *höhere* Stufe. Er liebt nicht etwa ein Selbst-loses Mädchen, um es zu unterdrücken. Er verehrt eine Art Wunder ... um ihr ähnlich zu werden.

Dieser Junge liebt das Reinste auf Erden – und seine eigene Erlösung.

DER FRECHE-MÄDCHEN-MYTHOS

Wer wissen will, wie wertlos die Unschuld heute ist, muss nur auf den Spruch blicken: ‚Brave Mädchen kommen in den Himmel, freche Mädchen überall hin.'

Dieser Spruch zeigt auch bereits die ganze Verachtung gegenüber jeglichem spirituellem Weltbild. Angesagt ist Materialismus, Anspruchshaltung. Für anderes ist da kein Platz mehr.

Dieser Spruch steht auf Postkarten, T-Shirts – er hat sozusagen Karriere gemacht. Die Unschuld hat ausgedient – heute ist Frechheit angesagt.

Frech kommt weiter – das ist schlicht die zahme Variante vom Gesetz des Stärkeren. Mädchen und Frauen spielen heute mit in einer maskulinen Welt, die ihre immer unmenschlicheren Elemente nur mühsam verdecken kann. Aber die ‚frechen' T-Shirts verkaufen sich noch immer gut...

Wir leben in einer Welt des ‚Anything goes' – perfekt für den Kapitalismus und für den Weltuntergang. Schlecht für die Unschuld, denn *sie* geht nicht mehr. ‚Geht ja *gar* nicht!', wie man heute sagen würde. Frech kommt weiter. Der Himmel ist abgeschafft. Unschuldige Mädchen kommen nicht mal bis zur nächsten Ecke, ohne verspottet zu werden...

Und was man einst aus den Märchenbildern als Gold der Seele kannte, ist zur Peinlichkeit geworden, während die Pechmarie gefeiert wird. Man will so cool sein wie sie. ‚Fick dich!' Freche Mädchen kommen überall hin. In den Abgründen menschlicher Hässlichkeit sind sie schon...

Und der scheue Junge sucht ein Mädchen wie das, dessen reines Bild er im Herzen trägt, das ihm nicht nur gleicht, sondern das ihn hinanziehen könnte ... aber diese Mädchen gibt es nicht mehr. Sie sind alle zur männlichen Hässlichkeit herabgestiegen. Und der eine Junge wendet sich schaudernd ab...

DER UNSCHULD-MYTHOS

Die Lüge ist so groß, dass wir immer noch behaupten, wir würden die Unschuld lieben. Ein oberflächlicher Teil der Seele tut dies noch – aber so unaufrichtig und so schizophren, dass wir sie gleichzeitig zerstören.

Wir ‚lieben' angeblich die wenig berührte Natur – aber wir erobern sie mit Vollausrüstung-Mountainbiking und so weiter. Die Ausstattung ist uns viel näher und wichtiger, auch hier kommen wir gar nicht von uns los. Der Berggipfel wird mit einem Mehrkornriegel gefeiert – und mit dem Höhenmesser und Schrittzähler wird abgeglichen, ob alles stimmt. Die Bergkrähe neben uns – wird kaum wahrgenommen, man muss ja das Panorama ablichten, wenn man nicht sogar mit einem Selfie beginnt.

Und dies sind nur die ganz gewöhnlichen *Spitzen* seelischer Eisberge und Erstarrungen in einem immer ungeheuerlicheren Selbstbezug.

Das natürliche Staunen, das noch vor ein, zwei Generationen zumindest viele Seelen beim Weg in die Natur begleitet hat, ist längst einem ‚Tripping' gewichen, das sich nicht viel vom PC-Blick unterscheidet.

Die Welt wird zum Kino, zum bloßen Gesprächsstoff. Die Seele wird von der Natur nicht mehr berührt (allenfalls noch bis zum Snapshot) – sie trägt sich völlig unverwandelt in die Natur hinein und kann selbst mitten in ihr noch vom Internet quatschen – halt in toller Kulisse.

Die *Entheiligung* der Seele und damit von allem kennt keine Grenzen.

Wir ‚lieben' angeblich die unschuldigen Kinder – aber wir drücken bereits den Kleinsten seelenloses Plastik und sogar Bildschirme in die Hand.

41

Wir haben keinerlei Empfindung mehr, unser Empfinden ist total degeneriert, es ist an einem *Nullpunkt* angelangt. Aber wir ‚lieben' die Kinder! So sehr wie uns selbst – unsere Seele haben wir *zuerst* degenerieren lassen.

Wir ‚lieben' unsere Kinder, aber stecken sie in seelenlose Schulen, lassen zu, dass sie mit elf, zehn, neun in dem Kosmos der Handys versinken und mit zwölf stundenlang am PC sitzen. Aber wir ‚lieben' sie!

Wir sind so armselig, dass wir vor dem Nichts stehen – aber bilden uns mächtig was ein, wie modern wir sind. Die Selbstlüge kennt keine Grenzen.

Wir lieben junge Haut, aber tätowieren sie bis zur Unkenntlichkeit. Wir lieben unschuldige Mädchen, aber erzählen ihnen, sie müssten frech und wehrhaft werden. Wir lieben den Frieden, aber schalten nach den Kriegsnachrichten zur nächsten Serie.

Wir lieben uns selbst – und das ist die einzige wahre Liebe, die wir kennen. Unsere Liebe zur Unschuld dagegen ist eine einzige große Selbstlüge, geschaffen, um nicht zu erkennen, wie weitgehend wir die innersten Ideale des wahren Menschen bereits verraten haben...

DER SEELENTOD

An einer Ampel steht ein Auto und schleudert seine laute Musik rücksichtslos in die Umgebung – bis es weiterrauscht. Aus einer Bar strömt spätabends eine Gruppe von Leuten und unterhält sich laut lachend, wissend, dass andere Menschen ihre Ruhe brauchen oder schon schlafen.

Zwei Beispiele von unzähligen. Heute ist eine *Rücksichtslosigkeit* vielfach völlige Normalität geworden, die früher buchstäblich *undenkbar* war. Was früher nicht einmal für möglich gehalten worden wäre, ist heute ständiger Alltag.

Viele Seelen sind längst im Stadium eines krassen Autismus angekommen. Sie können nicht mehr nur nicht anders – es fällt ihnen nicht einmal mehr sonderlich *auf*.

Die Werbung wird immer aggressiver, Filmschnitte werden immer schneller, der Horror immer realistischer – und auch dies sind nur Beispiele. Ist ein Ende abzusehen? Nein. Die Seele wird bewusst vernichtet – und niemand ist schuld. Wie immer.

Auf ein Buch, das tiefgehend seelische Wärme zum Gegenstand hat, kommen zwanzig mit Verbrechen, Gemetzel, Horror oder hemmungslosem Sex. Was offenbart dies?

Unschuld ist *wertlos* geworden, völlig uninteressant. Das Heilige desgleichen Spiritualität wird gesucht, wo sie problemlos in einen dann eben auch spirituellen Selbstbezug integrierbar ist.

Was ausstirbt, sind echte Hingabe, echte Unschuld, echte Aufrichtigkeit.

Jene Kräfte, die die wahre Zukunft dieser Welt wären.

Zwei Mädchen, die sich irgendeine belanglose Abbildung oder Szene auf dem Handy anschauen, lachen kreischend und gackern dann weiter oberflächlich vor sich hin. Später wird die eine mit dem Fuß umknicken und ein ‚Scheiße!' vor sich hinfluchen.

Die Beispiele lassen sich ins Unendliche vermehren.

Seelentod...

Wir behaupten, Mädchen vor Missbrauch schützen zu wollen, aber wir haben den Missbrauch *jedes* Mädchens fest ins System eingebaut. Wie berührend seine Seele auch sein mag – sie wird zuverlässig missbraucht und *zermahlen* werden. Jeden Tag. Jeden Tag neu.

Beginnend mit *unserem* Intellekt, unserer Seelenarmut, mit der wir in die Welt blicken, ohne diesem Mädchen *irgendetwas* geben zu können. Sich fortsetzend mit der geisttötenden Werbung überall, geisttötenden Schaufenstern, seelentötender Architektur, Stadtplanung, Weltbildern – jeder Sinneseindruck wird mitwirken an der Degradation dieser Mädchenseele.

Und dann wird sie ja dazugehören wollen, irgendwie. Sie wird wegen ihrer inneren Schönheit und Unschuld verspottet werden und versuchen sich anzupassen. T-Shirts mit geistlosen, seelenlosen Motiven tragen, das Handy benutzen. Jeden Mist mitmachen, bei jedem leeren Gespräch zuhören, langsam ebenfalls dazu beitragen. Und Tag für Tag stirbt ihre Seele...

Schließlich wird sie, mit zwölf oder dreizehn, Instagram genauso ‚toll' finden wie alle anderen und zu einem zentralen Lebensinhalt gemacht haben. Wenn sie mit Freundinnen ans Meer fährt, wird sie belangloses Zeug aus dem Internet interessant finden. Aber an der kleinen Muschel, die ihr die ganze Schönheit der Küste offenbart, wird sie achtlos vorbeigehen, ihre Freundin wird sie achtlos zertreten... Der Missbrauch ist vollendet – wir haben es geschafft...

Und an Geopolitik, an Massentierhaltung, an der Industrialisierung der Landwirtschaft, der Naturvernichtung, dem Artenrückgang, an *nichts* wird sich etwas ändern. Diese Dinge werden fortschreiten, Tag für Tag. Denn von *wem* soll diese Veränderung ausgehen?

Etwa von dem Insta-Mädchen? Den coolen Jungen? Von Seelen, denen der Selbstbezug und die Belanglosigkeit von klein auf eingeimpft wurden? Von Eltern ohne jede Vision, ohne jede innere Kraft oder Lauterkeit, von der üblichen Oberflächlichkeit abgesehen? Die sind ganz prima, genauso soll es sein, perfekte Rädchen des Kapitalismus – bisschen ‚anti', aber perfekt funktionierend. Seelische Seichtheit. Durchgehend...

Die Katastrophe kann kommen.

Teil II

AUF DEM WEG ZUR HEILUNG

Wie ist das Neue, das Heilende, das wahrhaft Zukünftige überhaupt denkbar?

Ohne eine Sehnsucht wird gar nichts geschehen – wie auch, wenn wir perfekt zufrieden sind, jedenfalls unfähig, uns zu verändern?

Wir können eine *verborgene*, schleichende Sehnsucht empfinden, aber das wird nicht reichen – zu fest sind die Stricke, die uns an das Gewohnte binden. Wenn wir nicht erkennen, dass wir unsere *Seele* grundlegend verwandeln müssen, wird gar nichts geschehen – oder nur Kosmetik.

Was nottut, ist die Einsicht in die *Flachheit*, in die Degradation, in das Nicht-Verwirklichte, das Versäumte. Wir müssen eine *Ahnung* von der Tiefe bekommen, die wir versäumt haben...

Die erste Maßnahme wäre *Stille*, Besinnung, Zeiten inneren Rückzugs, um das Erlebnis zu vertiefen: das Erlebnis, bisher einen Irrweg eingeschlagen zu haben.

Man sollte durchaus nicht sofort aktionistisch etwas ‚verändern' wollen – sondern zunächst einmal die *Aufrichtigkeit* üben, auch die Aufrichtigkeit des Leidens, der Selbsterkenntnis. Diese Aufrichtigkeit, die hier endlich geübt wird, kann einem auch fortan immer helfen. Sie ist bereits *Teil* der neuen Seele...

Und man kann dann im Weiteren dies und jenes versuchen, aber die Gefahr ist groß, auch bei spirituellen Wegen und Methoden die Grundkrankheit immer mitzunehmen: Den dürren Intellekt, den angenehmen Selbstbezug, nun auf höherer Stufe.

In diesem Buch soll es um einen anderen Weg gehen – einen Weg tiefer Aufrichtigkeit... Und seine Führerin wird das Mädchen sein. Es wird nicht *unser* Weg sein, wie es der Selbstbezug so gerne hätte, sondern wir werden ihr folgen, aus tiefer Liebe...

Ein Mädchen nicht lieben zu können, ist selbst schon eine Krankheit, denn dieses Mädchen *ist* gleichsam die reine Seele.

Stellen wir uns den Ausgangspunkt vor. Nehmen wir an, der andere Protagonist sind nicht wir, sondern – um es zu verfremden und uns die gefahrlose Möglichkeit zu geben, uns nur *hineinzuversetzen* – ein Mann, der bisher in seine Kaffeemaschine verliebt war.

Dies sind *Bilder*, Symbole, sie sind aber nicht abwegig. Menschen sind mit ihrem Handy verheiratet, ihrem Beruf, ihren Hobbys, ihren Ticks. Dieser Mann war in seine Kaffeemaschine verliebt – etwas kranker als der Rest, aber nicht viel.

Dann begegnete er dem Mädchen – und verliebte sich hilflos. Denn sie war so wunderschön... Er hatte noch nie etwas so Schönes gesehen, so Reines, so Wahres, so Unschuldiges, so *Heilendes*...

Und wir müssen in das reine Urbild hineinkommen. Deswegen beginnt die Geschichte mit den Worten: Das Mädchen aber lebte in einer einsamen Hütte im Wald...

DAS REICH DES MÄDCHENS

Sie begegneten einander unverhofft an einem kleinen Bach, wo das Mädchen Wasser holte, und es erschrak.

Aber der Mann war von ihr bereits vom ersten Moment an berührt, gefesselt, ihrem Anblick verfallen.
„Was machst du hier?", fragte er, hingerissen von dem, was seine Augen sahen.
Das Mädchen sah sich noch einmal scheu nach einer Fluchtmöglichkeit um, aber es hatte ja keine...
„Ich lebe hier..."
Der Mann war sprachlos vor Liebe, sah das Mädchen nur immerfort an.
Sie wagte nicht, sich zu bewegen, erwiderte nur seinen Blick.

Hilflos suchte der Mann nur eine Verbindung zu ihr, hoffte allein, dass sie nicht fliehen würde, seine Anwesenheit dulden, zumindest für ganz kurze Zeit...
Er deutete auf den Bach.
„Wolltest du Wasser holen?"
„Ja..."
„Soll ich dir helfen ... soll ich es *tragen*?"
„Lieber nicht..."
Der Mann sah sie hilflos an.
„Bitte..."
Auch das Mädchen sah ihn nun hilflos an, schien nachzusinnen.

Unsicher schöpfte sie dann Wasser, erhob sich zart wieder und sah ihn erneut an.
„Aber *warum*...?"
„Weil ich dich bitte...", sagte der Mann leise.
Er fühlte sich so leer.
„Ich habe nichts anderes. Nur diese Bitte..."

Sie sah ihn an und nickte zart.
Unendlich dankbar folgte er ihr. Als er sie erreicht hatte, sagte er:
„Gib ihn mir..."

Sie zögerte und ging weiter. Schließlich aber gab sie ihm den Krug.
Der Mann war selig. Er ging neben diesem Mädchen, *mit* ihr, und
war so selig wie noch nie zuvor in seinem Leben.
Zum ersten Mal *liebte* er mit einer Hingabe, die alles in ihm erfüllte.

Der Weg zog sich hin, und das Mädchen schwieg.
Verstohlen blickte er immer wieder zur Seite, sah ihre junge Gestalt,
ihre ganze Schönheit, ihre Anmut, ihre Unschuld ... und seine Sehnsucht nach einer *Verbindung* zu ihr war grenzenlos...

„Warum *wollen* Sie mir helfen?", fragte sie schließlich, und die
Frage überfiel ihn in seiner ganzen Hilflosigkeit.
Gegenüber diesem Mädchen konnte seine ganze Seele nur wahr-
haftig sein.
„Weil ich dich liebe...", stammelte er.
Er hatte große Angst, dass das Mädchen den Krug zurückforderte
und weglaufen würde, aber es sah ihn nicht einmal an.
„Das sagen alle...", erwiderte sie leise.
Er war wie vor den Kopf geschlagen.
„Alle?", wiederholte er fast töricht.
„Alle, die es schon gesagt haben."
Er schwieg betroffen. Er fühlte keine Eifersucht, vielmehr fühlte er
sich selbst nicht würdig.

„Aber ich liebe dich *wirklich*", brachte er hervor, fast nur flüsternd.
Sie blieb stehen und sah ihn an, betroffen blieb auch er stehen,
hilflos den Krug haltend.
„Was ist ‚wirklich'?", fragte das Mädchen. „Du liebst, was du siehst,
nicht wahr? Meinen Körper..."
Sie ging weiter.
Er war verwirrt, geradezu abgewiesen... Er schwieg zutiefst be-
schämt, er spürte, wie seine Augen feucht wurden...

*

Sie erreichten die Hütte des Mädchens. Der Mann musste beim Ein-
treten den Kopf beugen – diese Bewegung tat geradezu gut...

In der Hütte empfing ihn ein einzelner kleiner Raum mit einem ordentlichen Bett, einem Tisch mit etwas Papier und einem alten Federhalter, einem Schränkchen und einem kleinen Regal, das aber leer war.

Einen Moment lang fragte er sich, wie viele Höschen sie wohl in ihrem kleinen Schränkchen hatte, aber er schämte sich dieses Gedankens unmittelbar, er hatte ihn überhaupt nicht denken *wollen*.

„Danke, dass Sie geholfen haben", sagte das Mädchen – es war wie eine Art Ausweisung...
„Was ... was hast du in dem Schrank?", versuchte er, die Begegnung zu verlängern.
Das Mädchen sah ihn an.
„Sie gehören nicht hierher!"
Betroffen erwiderte er ihren Blick.
„Wo hast du Essen?"
Sie deutete auf das leere Regal.
„Hinter dem Haus. Dort habe ich eine Grube. Der Förster bringt mir jede Woche etwas."
„Liebt er dich etwa auch...?", murmelte er.
„Er ist alt!", wies sie ihn zurecht.
Er schämte sich zutiefst.

„Was schreibst du da?"
Er trat an ihr Tischchen, aber sie war schneller.
Sie legte rasch die Blätter zusammen und drehte sie um. Dann stand sie schützend davor, zu ihm aufblickend, ihre junge Brust unmittelbar vor ihm...

Vor ihren abweisend funkelnden Augen brach er zusammen...
Er musste aufschluchzen vor Sehnsucht...
Unmerklich schob sie ihm erstaunt ihren Stuhl hin, und er setzte sich, leise schluchzend, sein Gesicht in seiner Hand bergend.
Er spürte ihr Schweigen. Er spürte ihre Anwesenheit – wagte aber nicht, sie anzublicken.
Hilflos stieß er, das Gesicht noch immer in seiner Hand, hervor:
„Ich weiß nicht – wie man – das macht..."
Wieder schluchzte er.

„Was macht?"

„Dich kennenzulernen!", schluchzte er. „Ich weiß nicht, wie man das macht... Ich weiß *gar* nichts...!"

Sie schwieg betroffen, und er fühlte sich grenzenlos hilflos. Gleich würde sie ihn trotz allem wegschicken... Er schluchzte noch einmal auf und atmete zitternd wieder aus, sich in sein Schicksal zu fügen versuchend. Gleich, wenn er die Kraft hätte, würde er aufstehen...

„Wir passen nicht zusammen...", sagte sie zögernd.

Ein neuer Schwall von Tränen brach ohne Vorwarnung aus seinen Augen.

„Bitte...!", weinte er. „Behalte mich nur eine kurze Weile hier!"

„Was ist eine ‚kurze Weile'?"

„Einige Tage? Wochen?"

Weiter wagte er überhaupt nicht zu hoffen.

„Tage?! Wie willst du denn das machen?"

„Ich ... bau mir einen kleinen Schutz neben deiner Hütte, wenn du mir hilfst... Eine Art Zelt oder was auch immer..."

„Und dann? Du brauchst Handys, du brauchst Abwechslung, du brauchst jeden Morgen frischen Kaffee..."

Er dachte an seine Kaffeemaschine. Aber vor diesem Mädchen verblasste alles völlig...

„Ich brauche nur dich..."

„Mich kannst du nicht haben."

„Ich will nur in deiner *Nähe* sein...", bat er hilflos, regelrecht demütig.

Sie sah ihn lange zweifelnd an, er bot sich ihrem Blick schutzlos dar, er fühlte sich so unwürdig...

„Wir *versuchen* es einen Tag...", sagte sie schließlich zögernd.

Wieder empfand er diese Seligkeit...

Sie half ihm beim Bau eines Unterschlupfes, dann zeigte sie ihm den Weg zum Dorf, um eine Plane, eine Zahnbürste und Toilettenpapier zu kaufen – nur diese drei Dinge...

*

Als er zurückkam, setzten sie ihr Tun fort.
Er staunte, wie kundig, sie die Plane an den jungen Stämmen zu befestigen wusste, und half ihr, so gut er konnte. Schließlich war ein richtiges kleines Zelt entstanden. Schlafen würde er auf Tannenzweigen.
Es war Sommer.

Sie kam aus ihrer Hütte und hatte eine Decke im Arm.
„Hier – wenn es kalt wird."
Er war so dankbar über die bloße Gabe, dass er kein Wort herausbrachte.

Es erwies sich, dass an der Rückseite ihrer Hütte auch eine kleine Bank stand. Dort saßen sie dann zusammen, und sie teilte mit ihm ihre kärglichen Vorräte – etwas Brot, etwas Käse, eine Gurke...
„Jetzt reicht es nicht für dich...", sagte er leise.
„Du kannst morgen etwas einkaufen", erwiderte sie.
Gemeinsam aßen sie schweigend, während die Abendsonne durch die Äste spielte und einige Vögel zwitscherten.
Er war so unendlich glücklich neben diesem Mädchen, ihrer jungen, grenzenlos schönen Anwesenheit...

„Erzähl mir von dir...", sagte sie.
„Was soll ich erzählen?"
„Wer du bist..."
Er wollte ihr erzählen, von seinem Beruf, seinen Vorlieben, seinen Hobbys, seinen Freunden – aber die Worte erstarben in seinem Mund... Was herauswollte, schien wie bloße Gischt, wertloser Schaum, der in sich selbst zerfiel...
„Warum erzählst du nicht?", fragte sie nach einer Weile.
„Da ist nichts...", gestand er leise, zu Tode beschämt.
Sie regte sich nicht, nickte nicht einmal unmerklich.
„Hast du geliebt?", fragte sie schließlich leise.
Er dachte an seine Kaffeemaschine.
Hilflos schüttelte er den Kopf.

Gemeinsam sahen sie zu einem Tannenzweig, auf dem eine Blaumeise saß.
„Hattest du Hoffnungen?", fragte sie sanft.

Er wusste es nicht. Wenn ja, waren sie wertlos gewesen.
Wieder musste er den Kopf schütteln.

Sie dachte lange nach. Schließlich fragte sie aufrichtig:
„Was willst du von mir?"
Eine Art Kloß stieg in seinem Hals auf. Wieder diese Sehnsucht.
„Alles, was du geben kannst...", brachte er demütig hervor.
„Bist du denn bereit ... zu empfangen?"
Er senkte den Kopf, Tränen tropften auf den Boden.
„Ja..."
„Dann geh jetzt schlafen...", sagte sie fast zärtlich.
Ihre zarte Gestalt erhob sich, und während sie vor ihm stand, sah
sie ihn noch einmal an.
„Ich wecke dich morgen früh..."

*

Er lag noch lange wach, eingehüllt in ein zartes Meer von Sehnsucht...

Er war so grenzenlos dankbar, dass sie ihn nicht abgewiesen hatte,
obwohl er mit *leeren Händen* vor ihr stand, mehr noch, hässlich in
seiner ganzen Leere. Dennoch duldete sie seine Anwesenheit, ja
schenkte ihm ihre Nähe, teilte sogar ihr Brot mit ihm...

Hilflose Tränen der Liebe strömten seine Wangen hinab, tropften
in die Zweige... Fast unbewusst streichelten seine Hände zärtlich
die Decke, die er von ihr empfangen hatte.

*

„Du musst aufstehen!", weckte ihn ihre Stimme.

Er hatte schlecht geschlafen, und für einen Moment wusste er nicht,
wo er war. Es schien noch extrem früh zu sein. Ihre Stimme aber
machte ihn hellwach.

Als er schließlich nach draußen trat, hielt sie ihm den Krug hin.
„Du musst Wasser holen."

Sehnsüchtig sah er sie an.

„Können wir nicht zusammen gehen?"

„Nein!"

„Warum nicht?"

Sie sah ihn an.

„Willst du mein *Gast* sein, oder willst du mich *besitzen?*"

„Ich will dir nur folgen...", stammelte er beschämt. „Sonst hättest du das Wasser doch auch geholt...?"

„Jetzt holst *du* es aber! Ich bin schon fertig. Ich brauche kein Wasser mehr..."

Er fühlte sich wie ein geschlagener Hund.

„Aber ... nur zum Waschen? Wozu dann der Krug...?"

„Du kannst auch ohne Krug gehen!", sagte sie fast scharf, wenn dieses Wort bei ihr überhaupt Sinn ergab, „aber der Krug macht demütig..."

„Okay..."

Noch immer mit diesem Gefühl eines geprügelten Hundes zog er los, den Krug von ihr entgegennehmend, ihn später, solange er leer war, locker an der Öffnung in einer Hand haltend.

Er bedauerte, den Weg allein machen zu müssen. Jede Minute ohne sie kam ihm wie verlorene Zeit vor. Zudem war er sich auch nicht sicher, ob er sich den Weg gut gemerkt hatte, und ärgerte sich über seine eigene Nachlässigkeit.

Schließlich stolperte er noch über eine Wurzel und hätte den Krug fast aus der Hand verloren. Von da an trug er ihn mit beiden Händen.

Glücklicherweise fand er den Wasserlauf doch ohne Probleme, senkte den Krug ins frische Nass, stellte ihn dann auf dem Weg ab und wusch sich an Ort und Stelle, um ihr den vollen Krug zur freien Verfügung bringen zu können. Dann trat er den Rückweg an.

Als er schließlich wieder bei ihr angekommen war, übergab er ihr den vollen Krug. Sie bedankte sich kurz.

„Musst du dich nicht waschen?"

„Das habe ich dort schon gemacht."

Sie stellte den Krug schweigend an die Ecke des Hauses.

„War das falsch...?", fragte er zögernd.

„Nein."

Er hatte trotzdem das Gefühl, etwas falsch gemacht zu haben.

„Willst du was essen?", fragte sie.

„Ja... ich hab Hunger."

„Dann essen wir erst."

„Und dann?"

„Das wirst du schon sehen."

Er aß mit ihr schweigend.

Schließlich hielt er es nicht mehr aus, und er fragte:

„Habe ich etwas falsch gemacht?"

Sie sah ihn an.

„Warum?"

„Weil du gar nichts sagst..."

„Ich habe gestern auch nichts gesagt..."

Er verstummte.

Schließlich sagte sie:

„Gestern war dir meine Anwesenheit genug. Heute ist sie es schon nicht mehr..."

Er war bestürzt.

„Doch, ich – –"

Sie sah ihn schweigend an.

„Deine Anwesenheit ist mir genug...", sagte er leise. „Mehr als genug... Ich dachte nur – –"

„*Was* dachtest du?"

„Ich dachte nur – – ich – ich enttäusche dich irgendwie..."

Sie blickte zu dem Tannenzweig, auf dem gestern die Blaumeise gesessen hatte.

„Was hast du denn erwartet...", fragte sie leise.

Wieder schwieg er betroffen.

„Sag doch!"

„Ich weiß nicht...", stammelte er.

„Siehst du? Ich weiß es auch nicht...“
Die Scham stieg in ihm auf.

Er nickte leise – und steckte sich den letzten Bissen in den Mund, obwohl er keinen Appetit mehr hatte.

„Willst du jetzt gehen?“
Verwundert sah er sie an.
„Gehen, wohin?“
„Weg. Wieder nach Hause...“
Wieder füllten sich seine Augen mit Tränen.
Hilflos schüttelte er den Kopf.
„Nein ... ich will nicht weg ... will nicht weg von dir... Will nicht weg...“
Er kam sich wie ein kleines Kind vor. Aber so hilflos *fühlte* er sich auch.

„Aber was soll ich mit dir machen...“, fragte sie.
„Mich *behalten*. So lange, wie du kannst...“
Nachdenklich sah sie ihn an, und er liebte sie so hilflos...

Nach dem Essen ging sie mit ihm los. Sie hatte einen kleinen Rucksack.
„Wohin gehen wir?“
„Das ist nicht wichtig.“
„Aber führst du mich irgendwohin?“
„Ja.“
„Wohin?“
„Zu dir selbst...“
Wieder schwieg er betroffen.

„Hast du einen Namen?“, fragte er leise.
„Ja.“
„Wie heißt du?“
„Ich sage dir meinen Namen nicht.“
„Warum nicht?“
„Es gibt noch zuviel anderes.“
„Aber du kannst mir doch –“

Sie blieb abrupt stehen und sah ihn an – wieder prallte er an ihren ‚strengen' Augen zurück.

„Du bist unverschämt!"

„Unverschämt...?", stammelte er, während er an ihrer Seite weiterging.

Sie schwieg und sagte gar nichts mehr.

Erst nach Minuten wagte er, leise zu fragen:

„Wieso ... fandest du ... das unverschämt...?"

„Weil es *gierig* ist!"

„Gierig?"

„Ja, du bist gierig."

„Weil ich deinen *Namen* wissen wollte?"

„Ja."

„Aber das ist *normal*. Man möchte jemanden anreden. Es ist eine Beziehung ... man möchte wissen, wie jemand heißt..."

Sie sagte nichts.

Wieder dauerte es Minuten, bis er zu fragten wagte:

„Warum sagst du nichts?"

„Weil das alles *Unsinn* ist, was du sagst!"

„Unsinn? Wieso Unsinn? Ich verstehe nicht – –"

„Du verstehst *sowieso* nichts!"

Wieder schwieg er betroffen.

Nach einer Minute war sie es, die sagte:

„Das einzig Gute ist, dass du nicht sofort widersprichst..."

Wieder war er fast selig... Solche Sätze von ihr empfand er fast schon wie eine Liebeserklärung.

Er wagte nichts mehr zu sagen und ging schweigend neben ihr, bis sie eine Pause machte.

Sie setzte sich auf einen Stein und fragte:

„Willst du etwas essen?"

Er schüttelte den Kopf, um noch weiter zu schweigen.

Sie aß eine Tomate.

„Willst du dich nicht setzen?"

In einiger Entfernung war ein zweiter Stein.

Er schüttelte den Kopf.

Sie sah ihn prüfend an.

„Willst du, dass ich mich schuldig fühle?"

Erstaunt erwiderte er ihren Blick.

„Nein!"

„Weil du so schweigst..."

„Ich dachte, das wäre gut... Es fühlte sich auch wie eine Art Buße an..."

„Wofür?"

„Für meine Fehler..."

„Aber du musst sie auch verstehen. Tust du das denn?"

„Ich weiß nicht..."

„Hast du darüber nachgedacht?"

„Ich weiß nicht..."

Sie lächelte leise.

„Na gut, Buße *an sich* ist auch bereits gut..."

Wieder war er selig. Zumindest auf einem guten Weg zu sein.

Sie aß eine zweite Tomate, dann schnürte sie den kleinen Rucksack wieder zu.

„Aber jetzt denk mal drüber nach, warum es gierig war!"

Er sah sie unsicher an.

„Während wir weitergehen?"

„Nein *jetzt!* Das kann doch nicht so schwierig sein?"

„Ich weiß nicht...", wiederholte er nach einigen Sekunden.

„Du hast noch gar nicht nachgedacht!"

„Doch, habe ich!"

Sie schien innerlich zu seufzen, und wieder kam er sich unfähig vor.

„Ich *weiß* nicht", klagte er, „warum es gierig ist, nach einem Namen zu fragen!"

„Weil du ihn nicht *brauchst!*"

„Wieso nicht...?"

„Wozu denn?"

„Um dich anzusprechen..."

„Machst du jetzt auch schon..."

Er schwieg betroffen.

„Um...", sagte er schließlich, „eine Beziehung zu dir zu haben, eine andere..."

„Das hängt nicht vom Namen ab – das *glaubst* du nur!"

Erschüttert sah er sie an.

Schließlich nickte er beschämt ... tief beschämt.

„Ich *verdiene* ihn noch nicht, nicht wahr?", fragte er.

„Du brauchst ihn noch nicht...", kam sie ihm sanft entgegen.

Als sie weitergingen, fragte sie:

„Was hast du heute Morgen alles gesehen ... beim Wasserholen?"

Er dachte an die Wurzel, die er *nicht* gesehen hatte, woraufhin fast ihr Krug zu Bruch gegangen war.

„Ich habe gesehen, wie wichtig es ist, nicht nachlässig zu sein."

Sie stutze einen Moment und lächelte dann leicht.

„Auch gut... Aber das meinte ich nicht. Was hast du noch gesehen?"

„Nichts... Was soll ich gesehen haben? Den Wald..."

„Erzähl mal..."

„Ich weiß nicht, was – –'

Aber Widerspruch bei ihr war ja zwecklos. Also begann er hilflos:

„Der Weg... Die Bäume... Morgenlicht..."

Mehr fiel ihm aber bereits auch nicht ein.

„Welche Form hat der Weg?"

„Er schlängelt sich..."

„Hast du gesehen, wie er einmal ganz um eine Kurve geht, während eine Ulme wie ein kleiner Schirm über den Weg ragt?"

Er wusste nicht einmal, wie eine Ulme aussah – aber meinte, zu wissen, welche Stelle sie beschrieb.

„Ja, ich glaube", murmelte er, „ich weiß, wo das war..."

„Aber hast du es *gesehen*?", beharrte sie innig.

„Nein", sagte er leise. „Nein, ich habe es nicht gesehen..."

Sie blieb stehen, in ihrer ganzen Schönheit.

„*Verstehst* du...?"

Am liebsten hätte er sie geküsst.

„Ja...", sagte er leise.

Sie ging weiter.
„Lerne *sehen*."
Betroffen folgte er ihr an ihrer Seite.

Etwa eine Viertelstunde später fragte sie:
„Was hast du jetzt alles gesehen?"
Hilflos antwortete er:
„Einen großen Stein ... da vorhin, als du –"
„Ja, gut – weiter..."
Er atmete tief durch. Versuchte, weiteres zu erinnern.
„Einen Busch mit roten Beeren..."
„*Sein* Name hat dich natürlich nie interessiert!"

Ihr sanfter Spott traf in offene Wunden.
Seine Augen wurden feucht.
„Ein ... ein Einschnitt mit einem kleinen Bächlein..."
„Was wuchs da?"
Er versuchte, sich zu erinnern.
„Ich weiß es nicht..."
Seine Augen...
„Gut – weiter..."
Er sah sie an.
„Mehr ist da nicht – –"

Noch nie hätte er so sehr ihren Namen gebraucht.
Schutzlos tropften seine Tränen zur Erde.
„Das ist alles...! Mehr ... habe ich nicht geschafft... Nur *dich* habe
ich immer gesehen. Dich! Deine ganze Schönheit! Jede kleine Bewegung. Jede – –"
Er wollte noch weitersprechen, musste aber hilflos aufschluchzen,
sein Gesicht in der Hand bergen. Ein Laut der Hilflosigkeit entrang
sich seiner Kehle ... er fühlte sich so unwürdig...

Schließlich konnte er sein Schluchzen bekämpfen, sich einmal über
das Gesicht wischen, stammeln:
„Wenn du – – wenn du mich *weg*schicken willst – – verrätst du mir
– – deinen Namen wenigstens zum *Abschied* – –?"
Wieder musste er hilflos schluchzen...

Erst viel später schaffte er es, sich zu fassen und sie anzusehen.

Sie stand vor ihm, ihr Gesicht selbst tränenüberströmt, ihre Augen ein Meer von Mitleid und von Liebe...

Ihr Anblick war für ihn so überwältigend, dass er das Bewusstsein verlor...

*

„Was ist passiert?", stammelte er, als er wieder zu sich kam.
„Du bist ohnmächtig geworden. Ich habe versucht, dich ein bisschen aufzufangen. Jetzt liegst du hier..."
„Wie lange war ich – –?"
„Nicht lange..."
„Du bist so wunderschön – –", sagte er hilflos.
„Du warst auch wunderschön..."

Er wollte aufstehen.
„Bleib noch etwas liegen..."
Wie wunderschön war es, wie sie so an seiner Seite kniete...
„Warum ist jeder Moment mit dir so wunderschön..."
„Das stimmt doch gar nicht."
„Doch."
„Wenn du dich schämst?"
„Ich würde auch keinen einzigen dieser Momente gegen etwas anderes tauschen."
Sie verstummte.
„Ich liebe dich!"
„Vom Wiederholen wird es nicht besser", murmelte sie.

Als sie schließlich weitergehen konnten, sagte sie:
„Wenn du mich liebst – –"
Er wartete, dass sie weitersprach, aber das tat sie nicht.
„Ja...?"
„Dann *lerne*...! Lerne zu sehen... Zu hören... Zu fühlen... Lerne! Soviel du kannst. Wenn du mich liebst – –"
„Ich liebe dich", wiederholte er hilflos. „*Hilf* mir! Hilf mir bitte..."

„Ich heiße Ailyn..."

„Ailyn?", wiederholte er langsam, ungläubig, dass sie ihm gerade das Geschenk ihres Namens gemacht hatte.

„Ja, Ailyn."

„Soll ich dir auch meinen Namen sagen?"

„Willst du es denn?"

Er dachte einen Moment nach.

„Er ist unbedeutend."

„Soll ich einen neuen Namen für dich finden?"

„Ja, bitte..."

„Gut..."

Während sie schweigend weitergingen, fragte er zögernd:

„Und wann findest du ihn?"

„Man *weiß* doch nicht, wann man etwas findet..."

Wieder hatte er etwas Wesentliches gelernt.

Als sie abermals Rast machten, fragte sie:

„Hast du *jetzt* Hunger?"

Er schüttelte den Kopf.

Es tat so gut, alles loszulassen, Hunger zu spüren und *nichts* zu essen. Er wollte einfach nur abnehmen, innerlich ... alles loswerden ... die ganze Leere...

Leise sagte er:

„Du hattest Recht. Ich war gierig..."

Sie sah ihn nur an, hörte ihm zu, und diese Augen ... waren wie ein zartes Streicheln, dem man alles sagen konnte ... und vor denen man alles zu erkennen begann...

„Man hat einen Namen...", sagte er nachdenklich, „und etwas wird verfügbar... Man möchte ,wissen'. Alles möchte man immer wissen... Und glaubt dann, etwas zu haben..."

Sie sah ihn leise an.

„Warum siehst du mich so an, Ailyn...", fragte er hilflos.

„Du lernst so *schnell*...", erwiderte sie staunend.

„Manches vielleicht, ja..."

Wieder traten die Tränen in seine Augen.

„Danke!", schluchzte er. „Dass du ihn mir zuerst *nicht* gesagt hast!"

„Wieso weinst du denn so viel...", fragte sie mitleidvoll.

„Ich weiß auch nicht!", gestand er hilflos. „Es hat alles damit zu tun, dass ich dich liebe... Dass ich so *dankbar* bin! Dass ich bei dir sein darf... Im Moment..."

Beschämt trocknete er seine Augen.

„Es ist – kein schöner Anblick, oder – –."

„Doch. Der schönste..."

Er schwieg demütig.

„Wenn du", sagte sie leise, „*ganz* offen bist. Ganz neu... Wie neugeboren... Vielleicht sollst du Renatus heißen..."

„Renatus?"

„Wenn es dir nicht gefällt, muss ich einen neuen Namen finden."

„Ich weiß nicht", sagte er zweifelnd.

„Novalis. Ich nenne dich einfach Novalis. Du verdienst diesen Namen überhaupt nicht. Aber vielleicht ist das gerade richtig. Vielleicht erinnert dich das immer daran, dass der Weg noch *vor* dir liegt. Ist das nicht schön? Er liegt vor dir. Novalis – dein Leben beginnt jetzt..."

Sie lächelte ihn geradezu strahlend an.

Er hatte noch nie solche Schönheit gesehen.

Und wieder strömten seine Augen über vor tränennasser Liebe...

Als sie schließlich den Rückweg einschlugen, fragte er vorsichtig:

„Ailyn?"

„Ja..."

„Was muss ich zuerst lernen... Von dem, was du gesagt hast..."

Sie sah ihn an, wie man ein kleines Kind tröstet.

„Das ist ... töricht ... bitte frag doch nicht so... Ich weiß, du meinst es aufrichtig, willst alles richtig machen, aber es *gibt* kein Zuerst, verstehst du? Es gibt nur die Liebe... Du musst lernen, mit Liebe zu sehen, zu hören, zu fühlen..."

Er dachte hilflos über ihre Worte nach.

„Aber...", sagte er schließlich. „Ich habe das Gefühl, meine ganze Liebe fließt zu *dir*. Nur zu dir..."

Betroffen verstummte sie.

„Denkst du...", wagte er nach längerer Zeit zu fragen, „ich gebe mir keine Mühe?"

„Nein – ich muss nachdenken..."

Beschämt lief er neben ihr her, hoffend, dass sie ihn nicht verachten würde.

Sie sagte den ganzen Rückweg nichts, und er fürchtete das Schlimmste, wagte aber auch keine weitere Frage, versuchte vielmehr, so gut wie möglich auch das übrige zu sehen, zu hören, zu fühlen ... aber das Stärkste, Intensivste, Tiefste war stets sie ... ihre Anwesenheit, ihr Wesen...

*

Als sie schließlich wieder an ihrer Hütte angekommen waren und ein schlichtes Mahl einnahmen, sagte er:

„An dem Bächlein wuchs so eine ,Schlingpflanze' mit sehr merkwürdigen hellgelben Blüten..."

Sie lächelte.

„Geißblatt...", sagte sie fast zärtlich.

„Und der andere Busch mit den roten Beeren?"

„Vogelbeere."

„Okay..."

„Hast du jetzt Namen...?"

Er schwieg betroffen.

„Hilf mir, Ailyn...", bat er schließlich wieder.

Sie deutete zart auf den Zweig, auf dem sich offenbar gerade wieder die Blaumeise niedergelassen hatte.

Ihm bedeutete der kleine Vogel nahezu nichts, aber in ihren Augen *sah* er eine zärtliche, fast grenzenlose Liebe... Sie war so schön, dass er nicht einmal wagte, auf den Vogel neidisch zu sein...

Sie sah ihn innig an.

„Verstehst du...?"

„Aber ich weiß nicht, wie man das macht!", erwiderte er hilflos.

„Aber wieso kannst du es bei mir?", fragte auch sie nun ziemlich hilflos.

„Du bedeutest mir alles", sagte er leise... „Ich liebe dich... Ich liebe dich so sehr – und –"

„Aber das geht nicht!", rief sie und sprang auf.

Entsetzt sah er, wie sie mit hilflos-blitzenden Augen vor ihm stand, auf und ab ging.

„Du *kannst* mich nicht ‚haben'! Du kannst *all das* hier ‚haben'", sie zeigte auf den Wald, die Meise war erschrocken weggeflogen, „aber das *willst* du nicht! Du willst nur mich – du willst nur mir gefallen, aber das ist *falsch!* So geht das nicht! Ich habe einen Fehler gemacht! Ich glaube, du musst gehen..."

Er war erschüttert. Sie ging in einiger Entfernung von ihm auf und ab, selbst auch erschüttert.

Dann wandte sie sich wieder ihm zu:

„Geh jetzt, Novalis – suche das Neue, aber nicht mich! Denk an mich, wenn du musst, aber suche das Neue! *Darauf* kommt es an, nicht auf mich!"

„Nein!", rief er verzweifelt. „Auf dich kommt es genauso an, Ailyn!"

„Tut es nicht!", rief sie.

„Doch!"

„Du *weißt*, worum es geht! Ich habe dir alles gesagt. Ich geh jetzt rein ... und du gehst bitte. Du *musst gehen*, Novalis! Bitte..."

Er brach vor ihr in die Knie.

„Nein!", schluchzte er. „Ailyn! Du kannst nicht – du kannst nicht – so hartherzig sein – – nicht so – nein – –."

Schluchzend kniete er vor ihr ... und als er schließlich wieder aufblickte, stand sie erneut tränenüberströmt vor ihm.

„Was mache ich bloß mit dir...", stammelte sie mit bebenden Lippen.

„Lehre mich einfach...", bat er innig. „Lass mich dich lieben und mache einfach weiter... *Glaube* an mich, Ailyn. Bitte..."

Sie musste aufschluchzen.

„Gut – –", sagte sie hilflos schluchzend. „Ich – glaube an dich... O, Gott ... ich glaube an dich..."

Hilflos schluchzend fiel er ihr um den Hals, und sie umarmte ihn ihrerseits hilflos...

*

Als er in seinem ‚Zelt' lag, war er noch immer überwältigt. Es war nicht so sehr ihr zarter Leib, der betörend himmlisch gewesen war ... es war die *grenzenlose* Schönheit ihres ganzen Wesens, das ihm noch jetzt den Atem nahm, wenn er daran dachte.

Schönheit ... *ihre* Schönheit machte einen hilflos. Man wollte darin ertrinken... Wie konnte es noch etwas geben neben ihr? Alles wurde schön durch *sie*...!

*

Als er am nächsten Morgen Wasser holte, schämte er sich bereits des einarmigen Tragens und nahm den Krug von Anfang an mit beiden Händen. Er versuchte, auf alles zu achten.

Als sie ihr einfaches Frühstück einnahmen, teilte er ihr auf ihre Frage seine Entdeckungen mit.

„Aber es bedeutet dir nichts, nicht wahr?"
„Doch ... aber alles wird schön durch *dich*, Ailyn..."
Sie verstummte.

„Und wie ist ... das Wassertragen?"
„Ein bisschen komisch...", gestand er. „Für einen Mann... So einen Krug in beiden Händen..."
„Wieso..."
„Ich weiß nicht... Es gibt Eimer. Es gibt Wasserleitungen, aber ein Krug..."
„Was hatte ich dir gesagt?"
„Du sagtest, man wird demütig..."
„Und *bemühst* du dich?"
Er verstummte.

69

„Du hast", murmelte er dann, „nicht gesagt – –"
Sie schwieg. Und er hatte Angst.
„Es war mein Fehler, Ailyn! Ich habe nicht – – ich habe es vergessen... Vielleicht auch verdrängt... Es war *schäbig*, meine letzte Antwort... Ich schäme mich..."
„Gut...", sagte sie zärtlich.

*

Als sie wieder aufgebrochen waren, sagte sie an ihrem ersten Rastplatz nach etwa einer Stunde:
„Warum ist es für Männer so schwer, demütig zu sein?"
„Ich glaube", sagte er ausweichend, „es ist doch heute für alle schwer, oder?"
„Aber für Männer war es *immer* schwer", beharrte sie streng. „Warum?"

„Weil...", überlegte er, „Männer stark sein sollen..."
„Sollen?", wiederholte sie unnachgiebig.
„Oder wollen... Müssen..."
„Sie müssen gar nichts."
„Aber sonst werden sie verspottet."
„Wenn sie schon *das* nicht ertragen, sind sie aber ziemlich schwach!"
„Jeder will stark sein, Ailyn..."
„Das stimmt nicht!"
„Gut, dann Männer."

„Und das ist *Unsinn*. Stärke ist Schwäche, und Schwäche ist Stärke. Hast du mal versucht, mit einer Eisenstange durch den Asphalt zu kommen?"
„Nein, warum?"
„Weißt du, wer es schafft?"
„Wer?"
„Ein Keimling. Den du in zwei Fingern zerdrücken könntest."
Er verstummte.

„Und weißt du, *warum* er es schafft?"
„Nein..."
Sie schwieg.

„Warum schafft er es, Ailyn...?"
Ihre Augen wurden feucht.
„Aus *Liebe*, Novalis... Er möchte zur Sonne..."
Sie atmete einmal tief durch.

Ihre Antwort erschütterte ihn.
Er *verstand* den Keimling. Aber seine Sonne war *sie*...

„Ich weiß auch nicht", murmelte er, „warum ein Mann stark erscheinen möchte... Vielleicht hofft er so, geliebt zu werden..."
Sie wirbelte herum.
„Aber ist das nicht *witzig*?", fragte sie leidvoll. „Mich interessiert deine Stärke überhaupt nicht! Aber etwas ganz anderes", fügte sie leiser hinzu, „was mir wichtig wäre, das könnt ihr nicht... Da schämt ihr euch... Als wenn euch die Stärke doch wichtiger wäre als alles andere..."
Wieder schwieg er betroffen.

„Ailyn...", sagte er schließlich. „Wie kann ... wie kann der Mann sich selbst achten, wenn ... nun ... wenn das Mädchen in *allem* besser ist ... schöner ... in allem... Er braucht *eine* Sache, wo − − verstehst du?"
Sie schwieg nachdenklich. Schließlich sagte sie:
„Aber du *bist* doch schon stärker! Das nimmt dir doch niemand weg... Selbst demütig bist du doch *stärker*. Was willst du denn *noch*...?"
„Mit Demut fühlt man sich aber nicht mehr stark."

Sie schwieg und schaute in eine andere Richtung.
„Ailyn?"
Sie schien ihn mit Schweigen zu strafen.
„Aber es ist doch so..."
Sie schwieg weiter.
„Habe ich was Falsches gesagt, Ailyn?"
Sie sprang auf, setzte den Rucksack auf und ging weiter.

„Ailyn −"
Sie blieb abrupt stehen und funkelte ihn an.
„Du sagst doch *ständig* was Falsches!"

Während sie wieder weiterging und er sich bemühte, bei ihr zu bleiben, sagte sie:
„Warum hörst du nicht einfach *auf* damit?!"
„Womit?"
„Dich stark fühlen zu wollen! Überhaupt *dich* fühlen zu wollen! Wenn du *das* willst, kannst du nichts *anderes* fühlen! Wie willst du das denn *machen*?!"

Wieder blieb sie abrupt stehen.
„Wenn du *mich* liebst, fühlst du dann auch *dich*? Fühlst du dich dann stark?!"
„Nein..."
„Na also! Dann hör einfach auf damit! Du musst dich nicht stark fühlen! Solange du das musst, finde ich dich sehr, sehr schwach! Hör einfach auf, *dich* zu fühlen, überhaupt auf! Nicht nur, wenn du mich liebst, *sondern überhaupt!*
Mehr habe ich nicht zu sagen, und jetzt rede ich bis zur nächsten Pause überhaupt nicht mehr!"

Sie schwieg eisern, und er ging völlig erschüttert neben ihr.
Ihr Schweigen beruhigte ihn schließlich, und er versank in ein ausführliches Nachdenken.

*

Bei der nächsten Rast wollte sie das Ergebnis hören.

„Es ist nicht so einfach, wie du denkst, Ailyn... Für *dich* ist es einfach! Du liebst schon alles. Ich liebe *dich* und habe dich gebeten, meine Lehrerin zu sein. Aber immer liebe ich *dich*. Was nützt mir das andere, wenn ich dich nicht ‚habe'?"
„Aber du ‚hast' mich jetzt doch!"

„Aber eines Tages? Morgen, übermorgen? Ich liebe dich so sehr, und ich weiß nicht, wie lange ich das darf, Ailyn! Ohne dich würde alles wieder in die Bedeutungslosigkeit versinken, denn was *soll* ich dann noch damit?"
„Es ebenso lieben! Liebe ist doch nur echt, wenn sie immer da ist ... wenn man sie auch so meint!"

„Wenn du immer bei mir wärst, Ailyn ... dann könnte ich auch alles andere lieben, denn dann wäre ich glücklich..."
„Warum kannst du nicht *jetzt* glücklich sein?"
„Das bin ich... Aber ich liebe nur dich... Und *durch* dich alles andere..."

„Dann liebe es eben *so*... Durch mich alles andere, wie du es nennst. Das wirst du für immer können."
„Nein!"
„Doch. Wirst du..."
Er verstummte, und sie auch.

Sie sah in die Ferne. Schließlich sagte sie, so zärtlich wie noch nie:
„Du musst den Dingen von deiner Liebe zu mir *abgeben*, Novalis... Du *kannst* mich ja lieben ... aber mach es nicht so *fest*. Lass deine Liebe weich werden ... und spüre ... wie sie auszustrahlen beginnt ... wie ein Wassertropfen auf dem See... Langsam... Ganz langsam..."
Sie sah ihn an.
Dann kam sie kurz zu ihm und küsste ihn sanft.
„Versuch das... Die Liebe breitet sich aus... Und vergiss nicht: Ich glaube an dich..."

Er spürte noch immer ihre Lippen. Das ganze Erlebnis war so überwältigend... Ihre Worte... Und dann wie ein zartes Siegel ihre himmelssüßen, weichen Lippen. Er hatte die Wahrheit ihrer Worte bereits verstanden, bevor dieses zärtliche Siegel kam... Wieso hatte sie ihn geküsst? Er wagte nicht, sie zu fragen...

*

Als sie zurückgingen, fragte sie:
„Willst du über die Demut hören?"
„Was auch immer du sagst, will ich hören, Ailyn. Deine Stimme ist schöner als jede Musik. Aber auch, *was* du sagst, ist mir wichtiger als alles auf der Welt."
Sie lächelte leise.
„Du solltest Dichter werden, Novalis."

Sie sann noch eine Weile nach, dann sagte sie:

„Den wahren Mut braucht man für die Demut, ist es nicht so? Aber in der Demut endet diese ganze Geschichte. Wer demütig ist, braucht keinen Mut mehr, denn er hat *mehr*. Er ist eins mit allem. Der Mutige fällt heraus, der Demütige fällt hinein – in das heilige Ganze... *Deswegen* wollen Männer nicht demütig sein. Sie wollen herausstechen! Damit man sie besser sieht? Aber wozu, wenn sie dadurch nur hässlicher sind? Der Demütige sieht *alles* – und nichts Demütiges geht unter. Du siehst doch: Ich sehe noch das kleinste Veilchen, und du siehst *gar* nichts. Je mehr du die Demut findest, desto mehr siehst du und desto mehr *zeigt* sich dir."

Er hörte ihr hingegeben zu. Er liebte sie so sehr, dass er um die ganze Welt gegangen wäre, nur um ihre Stimme zu hören...

„Ja, das ist so! Warum sollen sich dem Hochmütigen die Dinge überhaupt zeigen? Sie tun es nicht! Wer nur selbst gesehen werden will, der verdient es nicht, dass man sich ihm offenbart. Das weiß noch die kleinste Pflanze. Schenkst du dich den Wesen, so schenken sie sich dir. Das ist *überall* so, Novalis. Bist du demütig, so bist du *reich*..."

„Aber man denkt", murmelte er, „man verliert sich selbst, wenn man demütig werden soll."
„Niemand zwingt einen", erwiderte sie. „Aber der Hochmut – der zwingt einen! Glaubst du einmal, ‚Stärke' wäre das Wichtige, lässt dich dieser Gedanke nicht mehr los. Hast du einmal angefangen, *dich* zu fühlen, wird es deine Gefangenschaft ... denn du hast Angst, das wieder loszulassen..."

„Kennst du das denn auch?"
„Ich sehe es doch bei euch? Ich wollte das nie..."
„Aber vielleicht ist es auch für manches nützlich..."
„O ja, für tausend Dinge!"
„Vielleicht sollte man es nicht *ganz* aufgeben..."
„Nein, eher geht ein Kamel durch ein Nadelöhr..."
„Aber, dieses Ich muss doch zu etwas *gut* sein, Ailyn!"
„Ja, ist es...", sagte sie zärtlich. „Man kann damit *lieben*..."

*

74

Als er in dieser Nacht in seinem ‚Zelt' lag, kam es ihm so vor, als habe er unendlich viel gelernt. Er konnte gar nicht genau sagen, was. Aber es war wie ein Schlüssel. Und außerdem spürte er noch immer ihren Kuss auf seinen Lippen...

*

„Holst du Wasser?", fragte sie und drückte ihm den Krug in die Hand.

Während er den verschlungenen Weg entlangging, wurde ihm klar, wie *einfach* es wäre, immer mehr die Lust zu verlieren, das Schlafen auf bloßen Zweigen zu hassen, den blöden Krug zu hassen, dieses Mädchen zu hassen, das einen mit idiotischen Lehren beimpfte und mit einem kurzen Kuss hinhielt – es wäre so einfach und lag so gefährlich nahe.

Aber stattdessen war seine Wirklichkeit eine völlig andere. Er war noch immer selig über jenen Kuss, den sie ihm überhaupt nicht hatte geben *müssen*, den er noch immer als das unverdienteste Wunder überhaupt empfand, und er hielt den Krug mit beiden Händen umfasst und ertappte sich sogar dabei, wie er diesen Weg und diesen Gang lieben lernte, zart, aber spürbar!

Alles, was ihm bisher schon aufgefallen war, sah er jedes Mal erneut und zusätzlich immer Neues – als wenn es so war, wie sie sagte: dass die Dinge sich zu *zeigen* begannen, zart, mit aufkeimendem Vertrauen...

Er musste an ihre erste Begegnung denken. Hatte sie sich ihm vielleicht *auch* gezeigt, in zartem Vertrauen, trotz aller Furcht? Hatte sie vielleicht von allem Anfang an an ihn geglaubt? Aber das hatte sie nicht... Auch er hatte sich ihren Glauben erst verdienen müssen – wie er sich jetzt das Vertrauen der Pflanzen verdiente.

Und der Krug... Jetzt erst trat der gemaserte Stein stärker in sein Bewusstsein. Die Textur, die Kühle. Sogar den Krug begann er zu lieben. Natürlich auch, weil es ihrer war. Aber er begann, auch zu verstehen, warum *sie* ihn liebte. Und dieser Gang, es war auch wie ein Liebesdienst für den Krug, der so jeden Morgen dem frischen Wasser begegnete, von zwei Armen umschlossen wurde, wie ein Mädchen...

Und wenn man einen Krug umarmte und trug, dann war man wehrlos, man trug das Leben – Wasser war Leben –, wie eine Frau, und konnte weiter nichts tun. Es war reiner Dienst für das Leben... Nichts weiter. Eigentlich ein heiliges Tun, so schlicht – und von solcher Schönheit, wenn man etwa an die afrikanischen Frauen dachte. Ailyns Schönheit auch dabei war nicht zu übertreffen. Aber als er zurückkam, hatte er das Geheimnis der Demut berührt – und es ihn...

*

Als sie wieder aufbrachen, sagte sie nach einiger Zeit:
„Man braucht auch eine Ehrfurcht..."
„Was ist das? Ist das nicht Demut?"
„Nein. Du redest, bevor du nachgedacht hast..."
Er schämte sich, aber ihr Tadel war so sanft, dass er fast zärtlich war.
Aber was war Ehrfurcht? Ehrfurcht hatte er vor ihr, vor ihrem Wesen... Sollte er auch *das* jetzt wieder vor allem haben?

„Ehrfurcht ist, wenn einem etwas heilig ist. Das bist *du*, Ailyn... Du allein..."
„Jetzt noch...", lächelte sie. „Denk an die Liebe."
Er schwieg hilflos.
„Alles ist heilig", sagte sie. „*Vergleiche* es nicht mit mir. Ehrfurcht ist auch eine tiefe Achtung. Du trittst allem entgegen, *als wenn* du es liebtest wie mich. Und du wirst merken ... die Dinge verändern sich dann..."

„Aber...", wagte er nach einigen Schritten einzuwenden, „*muss* es so heilig sein, alles – ich meine – –."

Sie sah ihn, stehenbleibend, mit einem so erschütternden Blick an, dass er vor Scham versinken wollte.
„Hast du schon vergessen, dass ich an dich *glaube*?"
Sie sagte nicht: ‚weil du mich weinend batest?'

76

Er schwieg wie vernichtet, verachtete seine eigene Undankbarkeit und Unwilligkeit und Unfähigkeit hilflos.

„Die Demut", sagte sie leise, „muss sich nicht fühlen. Aber du willst dich noch immer fühlen. Deswegen willst du nichts Heiliges. Noch immer willst du dich nicht mit allem verbinden..."
Er schwieg tief beschämt.

„Erinnerst du dich an die Blaumeise, die uns immer wieder besucht hat?"
„Ja...", brachte er leise hervor.
„Sie hat auch *dich* besucht! Was hindert dich, ihr mit Ehrfurcht zu begegnen? Bist du so viel besser?"
„Nein...", erwiderte er zerknirscht.

„Aber du willst lieber bei *dir* bleiben, nicht wahr? Dich fühlen, mich fühlen – und den Rest nicht, stimmt's? Nichts willst du an dich heranlassen, um schön allein zu bleiben – und mich schön allein zu haben, während der *Rest* dich nicht kümmert, weil du egoistisch bist! Immer bist du bei dir – oder bei mir, was du aber *auch* wieder genießt! *Ich* genieße es aber nicht! Wenn du die Blaumeise nicht auch liebhast, warum soll ich dann dich liebhaben? Weil du mich liebst? *Nur deshalb*? Ich dachte, du wolltest *lernen*..."

Er war völlig vernichtet.

„Als du mich so liebtest, hast du mein Herz gerührt... Als du weintest, war deine Seele so wunderschön, weil sie sich verlieren konnte! Warum willst du doch so sehr bei dir bleiben? *Warum*?"
In ihren Augen standen nun plötzlich auch Tränen der Verzweiflung.

Er schöpfte hilflose Hoffnung – etwas in ihr glaubte noch immer an ihn. Verzweifelt ergriff er ihre Hände, und sie ließ es geschehen.

„Ailyn! Bitte gib mich nicht auf...! Du hast gesagt, ich lerne schnell ... aber du bist immer schneller als ich... Ich bin zu langsam... Aber ich will dich nicht verlieren... Ich tue alles, ich versuche alles – nur ich kann nicht so schnell... Bitte sieh mich als Kranken..."

Er demütigte sich vor ihr, ohne sich zu schämen.

Ihre Augen wurden sanft vor Mitleid.
„Wirklich?"
„Ja, Ailyn – ich bin krank... Und du weißt es doch..."
„Spürst du denn deine Krankheit?"
„Ja, ich spüre sie."
„Gut..."
Sie sah ihn sanft an – und er war selig vor Dankbarkeit, dass sie ihn nicht verstieß...

*

An diesem Abend fragte er beim gemeinsamen Mahl hinter ihrer Hütte demütig:
„Warum *erträgst* du mich, Ailyn?"
Sie verstummte. Dann blickte sie auf die Blaumeise, die sich wieder niedergelassen hatte.
„Siehst du?", flüsterte sie.
„Ja..."
„Sie mag dich jetzt auch... Ich spüre es..."
Grenzenlose Dankbarkeit...

Als das kleine Tier wieder weggeflogen war, sagte sie leise:
„Man soll auch Ehrfurcht vor den Kranken haben..."
Er empfand es wie eine stille Gnade.
Ihre Gegenwart bedeutete ihm so viel...

„Aber ich ertrage dich nicht...", sagte sie leise, und die kleine Meise kehrte noch einmal wieder und äugte zu ihnen herüber. „Es ist viel mehr... Du berührst mein Herz, immer wieder. Ich liebe auch dich. Wusstest du das nicht...?"

Tränen, hilflose Tränen rannen über seine Wangen. Er fragte nicht, ,wie' sie ihn liebte – es war ohnehin mehr, als er jetzt zu fassen vermochte...

*

78

Als er am nächsten Morgen das Wasser schöpfte, tat er es mit Ehrfurcht – und fast war es ihm, als wolle das Wasser ihm etwas sagen. Er beeilte sich regelrecht zurückzukommen.

„Ailyn – *sprechen* die Dinge, wenn man ihnen mit Ehrfurcht begegnet?"
Sie sah ihn verwundert an.
„Wem", fragte sie lächelnd, „*bist* du denn begegnet?"
„Dem Bach..."
„Und was hat er dir gesagt?"
„Mir war nur so ... als wolle er sprechen... Es war wie eine Grenze..."
„Sorge dich nicht", lächelte sie. „Er nimmt es dir nicht übel, dass du ihn noch nicht verstanden hast. Sonst hätte er es gar nicht versucht..."

Wie es ihre Art war, schwieg sie zunächst weiter darüber, auch während des ganzen Frühstücks.

Erst als sie wieder auf der Wanderung waren, sagte sie schließlich:
„Die Wesen sprechen *immer*, aber ohne Ehrfurcht hört man es nicht..."
„Und was ... was erzählt die Blaumeise?"
„Sie erzählt vom Wald – und vom Leben..."
„Und der Bach – auch?"
„Ja – aber auf seine Weise. Viel geheimnisvoller. Tiefgründiger auch."
„Und verstehst du jedes Wort?"
„Es sind keine Worte. Es ist die Sprache der Wesen, Novalis. Ich weiß nicht, wie ich es erklären soll."
„Aber du verstehst es?"
„Ja."

Er schwieg ehrfürchtig. Für einen Moment war es ihm, als verstand er auch *ihre* Sprache jenseits aller Worte. Die Sprache ihres Wesens. Eine grenzenlose Liebe berührte ihn für einen Moment. Fast war es ihm, als müsse er die Augen schließen, so hell und warm wurde es ihm...

„Ailyn, darf ich dich etwas fragen?"

„Wenn es kein Unsinn ist."

„Würdest du ... würdest du mich je ... zum Mann nehmen?"

„Warum fragst du so etwas?", erwiderte sie nervös.

„Weil ich es wissen muss..."

„Wieso..."

„Du weißt es..."

Sie schwieg betroffen und setzte sich auf einen Stein.

Er kniete sich vor ihr hin.

„Steh auf..."

„Nein, bitte rede mit mir..."

Sie blickte in die Ferne.

„Du hast gesagt", bat er innig. „Wir passen nicht zusammen. Aber das war *damals!* Vielleicht passen wir ja eines Tages doch zusammen...

Ailyn! Sag etwas...!"

Sie sah ihn an, und er schrak fast ehrfürchtig zurück.

„Wenn", sagte sie leise, „deine Augen sehen, was meine Augen sehen; deine Ohren hören, was meine hören, deine Hände fühlen, was meine fühlen... Wenn du denkst, was ich denke, fühlst, was ich fühle, willst, was ich will..."

Ihr sanfter Blick verströmte sich in den seinen.

„Dann will ich dir gerne angehören – und ich werde dich von ganzem Herzen lieben und ebenso mit *deinen* Augen blicken, deinen Ohren hören, deinem Herzen fühlen..."

....

Unsere Welt geht Abgründen entgegen, und die allermeisten Seelen haben nicht den Hauch einer Ahnung, welche *Tiefen* von Schönheit und Wahrhaftigkeit in der menschlichen Seele verborgen liegen und zu welcher Schönheit sie bestimmt ist – jede einzeln und auch die Menschheit als Ganzes.

Es liegt eine unvorstellbare Kluft zwischen dem, was ist, und dem, was sein könnte und sein sollte. Die Mysterien der Liebe unter den Menschen haben noch nicht einmal begonnen. Aber es ist an der Zeit – und viel Zeit ist nicht mehr.

Denn der Seelentod schreitet voran.

Die todbringende Krankheit wird erst geheilt sein, wenn wir uns der Blaumeise hingeben können – mit tiefster Aufrichtigkeit, uns selbst ganz vergessend, und die Betonung liegt auf ‚ganz'. Dann erst werden wir wahrhaft lieben. Und dafür sind wir gekommen. Um dies bis in alle Tiefen zu lernen. Es ist unser wahres Selbst – das im Umkreis lebt, liebend, in voller Hingabe, wie das Mädchen, die zarte Heilerin.

Wie das *Mädchen.*

Die zarte Heilerin.